ゴードン・マイケル・スキャリオン
金原博昭 訳・解説

時を超える予言

①未知なる世界編

まえがきに代えて

金原　博昭

まず初めに、本シリーズの原著者であるゴードン・マイケル・スキャリオン氏およびシンシア・キース氏をご紹介します。

ゴードン・マイケル・スキャリオン氏は、高次の意識（超意識）に繋がる能力が覚醒し発動した１９８２年以降、数え切れないほど多くのテーマ……将来の動向、アトランティス、輪廻転生《りんねてんしょう》、カルマ、魂のグループ、代替治療、人生の目的等々について、直感に基づく洞察を得ており、それを全世界の人々に提供してきました。また、スキャリオン氏は“Future Map of the World（世界の未来地図）”の作成者であり、これまでに数多くの形而上学《けいじじょうがく》分野のセミナーやワークショップを主宰してきました。

現在スキャリオン氏は、彼の配偶者兼パートナーであるシンシア・キース氏とともに米国ニューハンプシャー州の丘陵地に居住しています。これまで、形而上学分野の研究結果を本およびオンライン情報誌を含む種々の情報媒体でもって出版すると共に、全国ネットのテレビ番組やラジオ番組にも幾度となく出演してきましたが、数年前にこれらの啓蒙活動から引退されました。

シンシア・キース氏は前述のオンライン情報誌の共同執筆者であり、ＤＶＤプログラム“The Mandala Experience（マンダラ体験）”の創作者です。このプログラムには、直観力やくつろぎ状態を高めるための誘導心象や古代楽器による音楽が含まれています。キース氏はまた、健康・癒し・形而上学について、数多くの記事を執筆しています。

スキャリオン氏以外にも、このような特別の能力に恵まれて与えられた使命・役割を果たしている人はいましたし、私が知っているだけでも数名の能力者が、今も現役で活躍しています。しかし、特にスキャリオン氏の業績は、情報の有用性・信頼性という面で高く評価されているのです。

これらの能力者は、ほとんどすべて、自分を催眠状態に導くことで自分自身の高い意識（超意識）に到達し、そこから高次の情報を取り出しています。基本的にこれは「記録を読むこと」に相当するので、一般的にReading（リーディング）と呼ばれていますが、スキャリオン氏の場合は、彼が「導師たち」と呼ぶ存在を含むさまざまな高次元の情報源から情報を得ています。

スキャリオン氏から提供される形而上学的情報には、大きく分けて二種類あります。一つは私たちの毎日の生活に即応用できる実用的なもの、もう一つは、宇宙や大自然・超古代文明・タイムトラベル等に関する私たちの知的好奇心・知識欲を満足させ、知的レベルを引き上げるものです。

一方翻訳、および解説をさせていただく私、金原博昭《きんばらひろあき》は、大学を卒業後、米国に本社のある多国籍複合企業ＴＲＷ（事業分野は18年ほど前まで宇宙開発・自動車部品・航空機部品等、現在は自動車部品のみ）に35年間在籍し、主として企画・営業に従事してきました。

現在は鎌倉に在住し、数学および神聖幾何学を含む超古代科学の研究、タロット・カバラーの学習と実践等に傾注するとともに、オリオン形而上学研究所（http://www.orion-metaphysics.com）を主宰し、月刊情報誌『ザ・フナイ』に連載記事を寄稿する等形而上学分野の書籍の翻訳や情報の発信等に専心しています。

スキャリオン氏による形而上学分野の啓蒙活動について初めて知ったのは、２００５年頃のことでした。すぐに会員になってニュースレターを購読しようとしたのですが、当時は海外送金をするのが今ほど簡単ではなかったため、会費の支払いに苦労しました。結局、郵便局から定額小為替（定額小為替証書）を購入してアメリカに送ることにより、やっと会員になることができたのでした。

　初めてスキャリオン氏の著書“Notes from the Cosmos”やニュースレターに目を通したとき、その内容の素晴らしさおよび英語の分かりやすさに新鮮な感動を覚えたことを、今でもはっきりと覚えています。前述のとおり、スキャリオン氏は数年前に啓蒙活動から引退されましたが、今でもスキャリオン氏夫妻との交流は続いています。

　さて、本シリーズ『時を超える予言』では、スキャリオン氏、およびキース氏からの情報を

1　超古代文明や地球外からの訪問者、および、私たちの通常の認識を超えた「同時存在の異なる現実世界」のような情報をまとめた『未知なる世界編』
2　人生の目的や輪廻転生、カルマの仕組み、自然界の宝石や色彩の持つパワーといった私たち一人一人の人生に役立つ情報を提供する『人生への活用編』
3　予見された地球の大変動、そしてその後に訪れる「平和と光の千年紀」を詳細に説明する『近未来予測編』

という3つのパートに分けて、じっくりとお伝えしていきます。

大きな時代の変化の中を生きる私たちにとって、示唆に富み大変有益な情報となっておりますので、どうぞ心ゆくまで情報をお楽しみいただき、ご活用いただけましたら幸いです。

まえがきに代えて

第❶章

火星の超古代文明

【解説】火星の生命体は巨大だった!?

火星についての話題は、エンターテインメント系の雑誌のみならず学術雑誌においてもしばしば取り上げられており、さまざまな未確認情報が発信されています。

しかし、スキャリオン氏から提供されている情報は、「極めて詳細で内容が首尾一貫している」という点でこれまでに公開されたものとは一線を画している、と言っても過言ではないと思います。私の知る限り、火星に関するこれほど興味深く詳細な情報は、いまだかつて公開されていません。またその一部は、物証や考古学的データという面でも裏づけされるのです。

たとえば、スキャリオン氏は、「火星の人々は巨人であり、その身長は大体5メートル半から8メートルの間でした。頭部の形は人間型ですが、視覚器官の働きに起因して著しく大きな眼をもっていました。特別の気候体系のゆえに、皮膚は青ないし青緑色で分厚く、もしも現在その姿を見れば、事実上爬虫類と見なされるでしょう。……この宇宙において判断するかぎり、火星の人々は確かにこの分野（タイムトラベル）における先駆者であり、タイムトラベルを一層促進させてそれを第一級の芸術にまで高めたのです。……火星が全面的に破壊されたとき、一部の人々は地球への移動を選択しました。その場所は当時大陸だった太平洋地域でした。あの当時、その陸地塊にあなた方が分かるような名前はありませんでしたが、その後その場所はルーマニアとして知られるようになりました。最終的にこの地域の人々はアフリカとして知られていた地に移住して巨人族になったのです。……地球には、火星のトンネル・システムに類似した一連のトンネルがあります。これらはアトランティスやレムリアよりもずっと以前のルーマニアの時代のものであり、人々の移動のために使われました」と述べています。

偶然の一致かもしれませんが、月刊『ムー』2015年9月号に巨人族についての特集記事が掲載されました。この記事は「巨人の骨は世界各地で発見・発掘されている」と述べています。その一つの具体例は、1960年代にエクアドルで発見され、科学鑑定に付された巨人化石の破片群で、それらの元の主の身長が約7・6メートルであったことが判明しています。

もう一つの例は、1960年代にエジプト古代遺跡の墓荒らしの際に見つかった約38センチの長さの「巨人の人差指」で、もしも身体各部のサイズ比が一般人類と変わらないとすると、この巨大な人差し指の主は、背丈がざっと6メートルから8メートルぐらいになるのです。この事実は、前出のスキャリオン氏の情報と見事に合致しています。

筆者のホームページには、海外最先端情報として、スキャリオン氏のみならず、ピーター・ムーン氏からの情報（本やニュースレター）も紹介されています。これら両氏の間には何らの関係もなく交流もありませんので、両氏はまったく互いに独立した情報源と見なされるのですが、驚くことに、両氏からの情報は多くの点で一致しています。

たとえば、ムーン氏発行のニュースレター『Montauk Pulse《モントークパルス》』２０１４年冬号によると、長さ10メートルと目測された巨人の骸骨が１９７６年にルーマニアで発見され、極秘裏のうちにモスクワに移送されました。

また、ムーン氏発行の本『Mystery of Egypt（エジプトの秘密）』によると、２００１年にエジプト・ギザの大ピラミッドの地下で米英合同の調査チームによって秘密のトンネルが発見され、爬虫類タイプの巨人の骸骨がそのトンネル内で見つかりました。このトンネルの存在は絶対の極秘情報で、ギザ地区の管轄を担当するエジプト政府の高官でさえも、そこに入ることはできないのだそうです。

スキャリオン氏による火星の物語の中では、火星の人々の間で起きた戦争やこの惑星の破壊が語られており、その最後には現代の私たちへの教訓が述べられています。それらの教訓は現在の世界情勢にぴったり当てはまりますので、私たち一人ひとりが肝に銘じておくべき点であると思います。

それでは、前置きはこのぐらいにしておきましょう。

どうぞ１８００万年前の火星についての驚くべき物語をお楽しみください。

火星における生命

少し時を遡った1985年、私は科学雑誌『オムニ』を読んだのですが、それにはNASAの宇宙探査機から送られてきた火星の写真が掲載されていました。ジェット推進研究所が公開したその写真には近距離における地表が捕捉されており、さらにそれらの画像の一つには、先端が吹き飛ばされたピラミッドのような人工構造物が含まれていました。実のところ、火星には二つのピラミッド状構造物が存在すると思われていたのです。それは、科学的可能性というよりは、むしろ世間をあっと言わせるような推測に基づく記事ではないか、と私は考えました。

しかし、それに対する私の好奇心があまりにも強かったため、地球以外の惑星における生命の可能性についての情報を、高次元の存在である私の導師たちに求めることにしたのです。

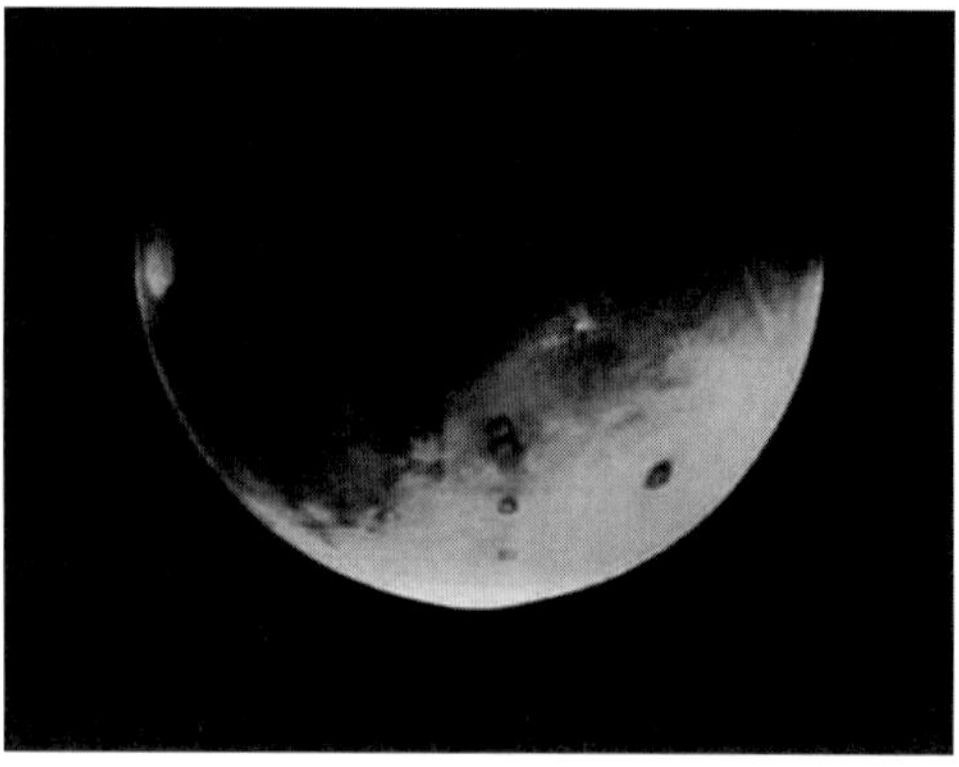

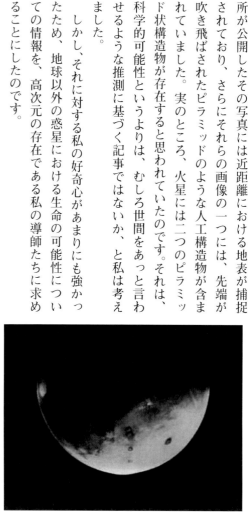

導師たちの説明によると、地球上にいかなる形態の生命も存在しなかった数百万年前、火星にはすでに生命体が存在していました。地球における生命は意識の投射によって創造されましたが、火星の生命体はそれとは異なり、他の星系からの植民に由来していました。身体の大きさが現在の人類よりもずっと大きかったものの、彼らは人間型の種属でした。

火星の人々は非常に背が高く（平均身長：６・３メートル）、巨人と言えるほどでしたが、地球文明がまだ初期段階であった時代に大いなる進歩を遂げました。究極的には極めて高度の科学技術レベルに達するとともに、地球上で知られている霊的段階をはるかに超えて進化したのです。

火星の人々は何万年もの間、彼らが建設した都市において平和裏に人生を享受し、タイムトラベル・システムを広範に活用して星々を訪れました。しかし、導師たちの話では、その後の時代に、略奪者のグループが火星の人々の星間飛行経路を脅かし始めたのです。

いやー、この話はまるで１９７９年の米国映画『25世紀の宇宙戦士キャプテン・ロジャース』や１９８０年の米国映画『フラッシュ・ゴードン』のようです。そうは言うものの、この物語は、私たちが現在置かれている地球の変動の状況を浮き彫りにするものであり、私たちに起こり得ること、および、ここ地球で私たちがする必要があることを、同時に理解する助けになるように思われます。

以下にご提供する情報は、高次の意識状態における質疑応答セッションに基づくものであり、１９８６年5月にシンシア・キースと共同で実施されました。

壮大で豊かな火星の最盛期

シンシア・キース（以下キース）：火星にはピラミッドが存在するという情報があります。かつてこの星に生命が存在したかどうかを教えていただけませんか？

ゴードン・マイケル・スキャリオン（以下スキャリオン）：私たちが見るところ、火星には確かに生命が存在しましたし、異なる振動レベルではありますが、現在でも生命が存在しています。この振動レベルはあなた方の用語ではアストラル体※であり、三次元物質世界とは違います。

彼らが発展を遂げていた植民活動の時代、確かに火星には何億もの生命体が存在しました。それは、地球へ最初の魂の投射が為される以前のことであり、現在から時間を遡ればおおよそ１８００万年前になります。

キース：火星のピラミッドはどんな目的に使われたのですか？

スキャリオン：宇宙発電装置として考えられるものであり、また、銀河間のコミュニケーションのための装置としても機能しました。というのは、この大宇宙には普遍エネルギーの流れが存在し、それはあなた方の銀河系における数多くの恒星を結び付けるだけでなく、他の銀河、さらに他の次元の宇宙にも達しているからです。

火星におけるピラミッドはこれらの目的のために使われましたが、デザインは一つではありませんでした。それはホログラフィー・エネルギーに基づいてデザインされており、宇宙エネルギー流を受けるアンテナあるいは受容器として機能しました。そして、その宇宙エネルギーは別の装置に導かれ、当時のさまざまな公共施設が必要としたエネルギーを生み出すために使われました。

ピラミッドの二次的なパワーはコミュニケーションのために使われました。それは、地球のピラミッドと比べて構造上の違いはそんなにありませんが、最も類似しているのはエジプト・ギザの大ピラミッドです。火星にはこのようなピラミッドが二つあり、両方とも大ピラミッドよりも15~20%大きな建造物でした。

キース：太陽系の他の惑星にも火星のピラミッドに関連するピラミッドが存在しますか？

スキャリオン：現時点では皆無ですが、第十番惑星にはかつて生命が存在していました。それは火星における植民よりも以前のことであり、数百万年前というよりはむしろ数億年前の記録に基づきます。

あなた方の月は例外ですが、それ以外には現時点で生命も構造物も存在していません。とは言ってもこれは、太陽系に意識体あるいは生命力意識が一切存在していない、ということではなく、あくまでも三次元物質世界に限定しての話です。

キース：火星の地形および地表の色について説明し、過去の時代に存在し得た生命体に関して述べてください。

スキャリオン：これを理解するためには、『存在の振動レベル』に対する見方の転換あるいは意識の転換が必要です。というのは、火星で建設されたものおよびそこに存在した実体（魂）は、『三次元振動レベル』という観点ではかなり違うからです。

その太古の時代において、地球はまだ惑星形成の段階でした。進化した動物の生態系はすでに存在していましたが、人間の意識・魂はまだ地球には投射されていなかったのです。しかし、すでに火星には繁栄を謳歌している意識体が存在していましたし、火星の地形はこの上なく地球に似ていました。

また、ここで理解しておく必要があるのですが、その時代、火星の軌道は現在と異なっていました。さらにその後、太陽を廻る軌道から押し出されて、金星と水星に関連付けられる軌道に入りました。この軌道の変更は火星における大変動によるものであり、その結果、火星文明の終焉《しゅうえん》すなわち最終的な破壊がもたらされたのです。

火星の最盛期においては、富や豊かさが享受されていました。陸地としては南アメリカに似ていましたが、さらに熱帯性の気候でした。陸地の色のスペクトルは地球とは異なっていました。太陽光線が大気を透過する際の角度や太陽からの距離に起因するのですが、色のスペクトルや色相はあなた方が地球で知覚するものとは違っていたのです。また、地球人は光学システムによって色を決定しますが、もしも現在のあなた方の視覚で眺めたとしたら、火星における自然光は青の色合いに見えたと思われます。

陸地での活動はどうかと言うと、人々や構造物はすべて大型でした。現在の基準ではこれらの人々は巨人族ということになるでしょう。これらの人々は、身体面で強靭だったのみならず気質の面でも壮大でした。

地球にはいくつかの大陸があり各都市の間には別の地域がありますが、火星の場合はそれとは異なり、陸地は都市と呼ぶことのできる地域から構成されていました。火星の最盛期には二つの巨大都市がそれぞれの存する大陸の全体を占めており、それらは巨大な水塊によって囲まれていたのです。現在『運河』と呼ばれているものは、二つの陸塊各々の沿岸地域を結ぶ水路だったのです。巨大な海盆も存在し、水ではなく食塩溶液で満たされていましたが、それは結晶質基盤と炭素基盤が同時に存在する液体でした。

巨大都市には何億もの人々が居住していました。彼らの文化は霊性に基づくものであり、人々はグループ内の調和や響きに同調していました。やはりこの場合も、彼らの集団意識はあなた方の意識とは別のものであり、それゆえ違ったふうに考えられなくてはなりません。

当時の火星の意識はあなた方の意識とはあまりにも異なっていたので、その地勢、景観および色相は、当時の火星の人々の視覚を用いて見ない限り、的確に説明することはできないのです。それゆえ、当時の火星の状況を近似したひな形を考え、あなた方が理解できるような言葉でそれを伝えたいと思います。

空気の組成（酸素と窒素）を含む自然環境の面では、火星は地球の随伴惑星と考えることができました。事実、火星の初期の時代においては、二つの惑星は太陽を回る同一の軌道上にありました。つまり、太陽からほぼ同一距離で、一方の側に地球、その反対側に火星が位置し、決して互いに顔を合わせることなく、一緒に太陽の周りを公転していたのです。後年、火星における破壊力に起因して時空構造が変化し、二つの惑星は相異なる軌道に移りました。

※アストラル体：肉体の周囲数インチのところに存在する二番目の体であり、魂が非物質振動レベルで投射されたもの。魂と肉体の中間の体とみなされる。

すべての魂は同時に創造された

キース：もし、火星自身および火星の人々が基本的に平和志向であったのなら、なぜ火星は占星学の面で戦争に関連付けられるのでしょうか？

スキャリオン：それを理解するには、まず初めに、占星学のほとんどは三次元物質世界で正確に把握されていない、ということに気付く必要があります。というのは、占星図において火星がある特定の配置にあるからといって、それがその人の意識に影響するということでは必ずしもないからです。むしろ、その人の魂が火星や他の惑星での滞在経験をもっているがゆえに、それらの惑星が特定の占星学的配置にあるときに影響が生じるのです。

火星に関連する活動は怒り、動き、移動および事故です。これらすべては、火星が自分自身を破壊した時期に、意識の中に創出されました。平和な活動と霊性に基づく調和の時代が数百万年にも渡って続いたものの、その後火星の文明は、人々の間に分裂が生じる状況に陥ってしまったのです。

ある種の略奪行為のために他の星系の実体が太陽系へやって来たのですが、それに対し火星の人々は拒否的な立場をとり、否定的に応答しました。その結果、火星の人々は特別な防御システムを構築して孤立主義を標榜することになりました。そして、他の星々の文化との交流を絶つことにより、すでに植民済みの惑星や他の星々および他の時空連続体宇宙への移動がもはや不可能となる状況が創り出されてしまったのです。

この防御的な姿勢は、一面、彼らの文化の継続を可能にしたという点では上手くいきました。こうして火星の人々は、数千年もの長期間、互いに違反行為をすることなく生活を営むことができたのです。それは、彼らの先進技術に基づいて構築された最高性能の偏板装置が、突破不可能なシステムだったからです。

しかし最終的にこの状況は、若い世代の間に混乱と動揺を醸成することになりました。なぜなら、心の活用手段として彼らは、再び外宇宙に出て他の星系へ旅することを望んだからです。言うまでもなくこれは防御システムの撤去を必要としました。そして結果的に世代間の不協和音が生み出され、ついには激変を伴う戦争へと至ったのです。

それは、略奪者たちからこの惑星を護ってきた衛星が逆向きにされ、一部の人々へのテロ行為の手段として用いられたときに始まりました。防御システムが解除されない場合に他の面の破壊が起きるのかどうか、その点を確かめるためにやってきた実体たちもいました。

しかし火星の種族全体として、それが進むべき正しい方向であるという合意に達することができず、結局それが全面的な荒廃をもたらしました。なぜなら、これらの衛星システムを操作しようとしたごく一部の人々は、実際のプログラミングを把握することができなかったからです。というのは、このシステムは数十万年もの長い間ずっと運用され続けていましたが、事実上地下深くに埋められており、部品交換の必要なしで宇宙力によって稼働するように設計されていたため、もはやそれを正確に理解できる人は誰もいなかったのです。

当初それは、前述の略奪者を含めどのような外部の侵入者からも火星を防御できるシステムと考えられました。誰であれ火星の大気内に侵入しようとする者に対して、システムはまず初めに警告を与えます。これは明らかな警告です。システムはさらに反牽引力ビームのようなパワー光線さえも送ります。これが侵入しようとする宇宙船の前進を阻むのです。

もしも宇宙船が反牽引力ビームを押しのけるようなテクノロジーを使ってさらに侵入しようとすれば、システムを構成する人工衛星が波動エネルギーに基づく大砲のようなものを始動させ、宇宙船を破壊します。外部からの侵入者は誰であれ、最初に明らかな警告を受けますので、それを無視して破壊されたとしても、火星に責めを負わせることはできません。

この戦争は、火星の集合意識に全面的破壊すなわち荒廃をもたらしました。防御システムが兵器として火星の人々への攻撃に使用されたとき、この惑星上の生命は根絶やしになりました。防御スクリーンの反転によって引き起こされた損傷作用は、火星の65公転以上の期間にわたって継続し、その結果、この惑星の生命体は絶滅しました。

一部の人々は他の星系に自らを投射しましたが、それよりも多くの人々が地球への植民を選択しました。しかし、火星の惑星としての意識すなわちオーラは、好戦的なものになってしまったのです。

戦争が起きたとき、地球に自らを投射した魂の記憶が火星の意識になっているため、それはいまなお残っています。そして、現在地球にいる彼らは、今でもまだその影響を受けています。

ここで注記すべき重要なことは「創造された後の滞在先としてどこを選ぼうとも、それとは関係なく、すべての魂は同時に『大いなる一つ』※から創造された」という事実です。それゆえ、一時期地球上の魂はすべて火星の意識の一部だったのです。もしも、その魂が原初の火星の意識の一部でなかったのなら、火星の特別の振動エネルギーを経験するために、その後火星に滞在したのです。地球の大いなる惑星意識は、その振動エネルギーを好戦的であると解釈しました。また、機械を使う作業への適性、産業、事故、不運等も火星のエネルギーの一部として解釈されています。これは本当であり、これらすべてが火星の意識の一部になっているのです。

これに対して、金星は正反対の意識を持っています。三次元物質世界の生命が存在しない特別の惑星ですが、特定の振動レベルでは生命体にあふれています。魂は愛の振動パワーを経験するために金星に滞在します。それは宇宙における三角形配置、および、そのような状態を構築するために金星に残された特別の『星の種子（魂）』に関係しています。現在でも金星には、あなた方が『愛』と呼ぶ理念に基づく意識の共同体が、あるがままに存在しています。

※大いなる一つ：あらゆる生命体の源であり、それからすべての魂が創造された。一般的に神あるいは創造主と呼ばれている。

双対宇宙からやってきた略奪者たち

キース：先ほど、火星の人々の宇宙間航行システムに影響を与えて彼らを困らせ始めた略奪志向の集団について説明していただきました。その略奪者はどのような実体だったのですか？彼らはどこから来たのですか？

スキャリオン：略奪者たちの一部は、あの初期の時代にプレイアデス星団からやってきた実体でした。

また他の一部は、『代替現実の世界』あるいはあなた方が多分『双対宇宙』と呼ぶ世界から来ました。もしもあなた方がこの特別な太陽系においてそれを視覚化することができるなら、そこにも双対宇宙が存在し、それは、目に見える極性のちょうど逆の極性をもった宇宙と考えることができます。必ずしも一方が善でもう一方が悪というわけではありませんが、私たちが知っている三次元物質世界の周波数と同期して脈動する逆極性の世界なのです。

この双対性はすべての意識に存在し、同様にすべての物質の素粒子やエネルギーにも存在します。各々が双対性を持ち、各々が均衡点あるいは中性点を求めています。そういうわけで、幾多の意識体が、この双対宇宙から火星にタイムトラベル・システムを使ってやって来たのです。

さて、交易に係わるある種の原理がありました。それは不当利得行為に相当するのですが、物質を一つの存在状態から別の存在状態に移すことであり、具体的に言うと、双対宇宙から特定の種類の物質を持ち込み、その後、それを元の場所に戻すことなのです。同じことが反対方向にも行われました。あなた方が理解できるような専門用語を使って説明するのは極めて難しいのですが、それは位相シフトを用いたある種の不正行為であり、元の場所に戻された物質は新たな価値を持つようになります。このようにして、新たな技術的発展が他の宇宙にもたらされるのです。

また、略奪者たちは「火星における豊かさと呼ばれるものを大量に彼らの宇宙に持ち帰る」という仕事のために火星にやってきました。それは火星にある元素で、その多くはまだ地球では見つかっていません。ここ地球にも在るけれどもまだ未発見である、ということなのですが、火星には現在でもなお豊富に存在しているのです。

また火星には、試料元素の特定の振動パワーや光を用いて元素を再形成する高度な技術があり、火星の人々はこのテクノロジーを使って火星に存在しない元素（太陽系の彼方のもの）を合成することができました。これらのテクノロジーによって、新たなデザインに基づく構造の創出が可能になったのですが、これらはタイムトラベル装置に相当すると考えられます。この宇宙において判断するかぎり、火星の人々は確かにこの分野における先駆者であり、タイムトラベルを一層促進させてそれを第一級の芸術にまで高めたのです。

この事実は宇宙において周知となり、そのテクノロジーの多くは、他の星系の人々によって探し求められました。双対宇宙の略奪者たちは、彼らが獲得可能なものから利益を得るために、この宇宙へのリンク（つながり）を利用したのですが、そのとき他の星系の人々は、まだ火星の防御システムを突破できなかったのです。

キース：火星が全面的に破壊されたとき、この惑星の人々はどうなりましたか？

スキャリオン：すでにお話ししたように、大部分の人々は他の振動レベルの世界に移行しました。一部の人々は他の星系の惑星に移りましたが、別の一部は新たに発展中のミラー星（火星にそっくりの惑星）である地球への移動を選択しました。地球には過去の時代に植民したことがあったのです。

ここで理解しておくべき点は、そのとき地球は彼らの光学的視界になく、火星の人々が他の惑星への植民や外宇宙への移動をやめて以来、過去の歴史は大部分忘れ去られていたことです。しかし、あなた方が教育者や科学者と呼ぶほんの少数の人たちは、タイムトラベル・システムを用いることにより、自らを地球に投射することができました。そのようにして新たに地球での植民が始まったのです。

彼らが選んだ生命形態は、そのときすでに地球で進化しつつあった一連の混合生物の一部であり、いわゆる融合の形をとりました。火星から投射された意識体は、アストラル体やエーテル体※のような影を創り出し、それを介して活動したのです。火星からの魂が地球の生物に入り込んだのではなく、それらのそばを離れないように浮遊していました。

その場所は当時大陸だった太平洋地域でした。当時すでに地球には、最古の投射に基づき自ら進んで地球に来ていた魂たちがいたのですが、火星の魂たちは彼らと一緒に植民活動を始めたのです。

キース：もしもその場所が太平洋地域であったのなら、その当時そこはレムリアだったのですか？

スキャリオン：あの当時、その陸地塊にあなた方が分かるような名前はありませんでしたが、その後その場所はルーマニアとして知られるようになりました。

これについて話す際に理解しておくべき点は、『アトランティス』、『ムー』、『ポセイディア』、『ダー』のような地域に特定の名前や音を関連付けることの重要性です。これらの名前によって意味が与えられるのですが、私たちが今話している太古の時代では、もっぱら思考投射が行われていたのです。

　言語はかなり異なっていて、音がほとんどの意味を伝えていました。日常の活動だけではありません。もしもあなた方がイメージの投影を視覚化できるならば、音がそれを増幅するだけでなく感情面の状況をも付加することが理解できるでしょう。再度言いますが、あの当時言語は、現在使われているものとは相当に違っていました。あなた方が分かるような名前は絵画的心象であり、それが意味を持つようになったのです。

　その後何百万年もの時間が経過したさらに後の時代に、その地域はルーマニアとして知られるようになりました。最終的にこの地域の人々はアフリカとして知られていた地に移住して巨人族になったのですが、それは人類の五大人種が地球へ投射されるずっと以前の時代でした。再度この点に留意しておいてください。

※エーテル体：アストラル体と似ているが、魂がより高い非物質振動レベルで投射されたもの。

火星における文化、生活

キース：火星の人々の外見や容貌についてもう少し話していただけますか？

スキャリオン：すでに述べたように、彼らは巨人であり、その身長は大体5メートル半から8メートルの間でした。火星の大気は地球の大気と異なり窒素とアルゴンの含有量が高かったのですが、この背丈はそれに基づきます。頭部の形は人間型ですが、視覚器官の働きに起因して著しく大きな眼をもっていました。特別の気候体系のゆえに、皮膚は青ないし青緑色で分厚く、もしも現在その姿を見れば、事実上爬虫類と見なされるでしょう。都市大陸の水生地域近辺に住む人々の多くにはウロコ（鱗）がありました。

気候が原因なのですが、ウロコのない人々は、最初に水から出現したのかあるいは空気から現れたのかによりけりで、まったく異なる進化をしました。火星においては、大気の意識と水の意識（あるいは気体の意識と液体の意識）という二元性が常に存在したのです。というのは、火星における元素の構成が地球で知られているものとかなり違っていたからです。地球ではもちろんのこと、それは四大元素（空気、水、火、土）です。

火星の海から進化した生命体は、人間の目よりも猫の目に酷似した視覚器官を持っていました。彼らの視覚は、人間の感知方法に基づく視覚システムというよりはむしろ、暗闇に順応するような猫目として機能したのです。またそれは、正確な距離の把握を意図して設計されていました。

それに対し、大気から進化した生命体はまったく違っていました。なぜなら、火星においては一年間のより長い期間、太陽光を受けることができたのです。地球に似ていて同じ軌道を公転していたのですが、その当時は現在より１８００万年前であり、年間平均で４分の３の時間は惑星表面に光が射していたのです。それに対し夜の時間は４分の１しかありませんでした。

手、腕および足の働きは人間に似ていますが、手には親指がもう１本あり、足指は５本ではなく４本でした。これらを含むいくつかの部分は人間と異なりますが、そのほかの点では人間に類似していたのです。火星の人々を尖った緑色の耳や銀色の目を持った異性生物と考えないでください。彼らはむしろ巨人タイプの人間型生物と見なされるべきなのです。

キース：約１８００万年前に地球に到来した一群の魂の話がありましたが、地球にやって来た火星の人々の話はそれと同じですか？

スキャリオン：それは別の話です。何百万にも及ぶ魂の大集団が地球への投射を選択したとき、地球にはすでに14万4千人もの火星人がいました。これらの魂たちは最初に地球に植民した人々です。再度言いますが、彼らは自らを投射することによって地球に来たのではなく、植民者としてやって来て、大気中を浮遊しながら居住していたのです。

最初に自らを地球に投射した魂たちは、『大いなる一つ』と区別できない存在から直接到来し、水質検査用抽出見本の採取を含むさまざまな実験をしていました。彼らは自らを投射した魂の巨大集団のほんの一部であり、そのときに創造されたのではなく、そのとき地球に投射されたのです。

少数の魂たちが火星から到来する以前、他の星系からの実体たち、とりわけシリウス星人が新たな経験を積むために地球に来ていました。つまり地球は、まだ融解状態あるいはガス形成中であった原初の時代から植民されていたことになります。

当時の魂の意識状態や三次元世界の様相は極めて異なっていました。すでにご存知のように、１８００万年前に初めて地球に投射された魂たちは、物質世界ではあたかも影のような生物形態をしていたのです。その後の時代、人間の五大人種が同時に地球に投射されるまでは、地球上に意識の階層化は生じませんでした。

キース：もしかしたら、現在地球で生きている人が、過去生において自らを火星から投射した人々の一人であったかもしれません。その点を占星学的に調べる方法が何かありますか？

スキャリオン：魂の活動が占星図に見出されることはほとんどなく、そこに示されているのはその魂の今生における傾向や欲求・願望だけです。占星学者であるイニシエイト※1、高次の世界につながることのできるイニシエイト、あるいは『宇宙の創造的力』を呼び出すことのできる真理探究者であれば、この点に関する内なる認識が可能です。

しかし、占星図が表すある種の傾向や活動は、あの時代に過去生を経験した可能性を示します。すでに述べたように、最初に地球へ投射され、さまざまな実験に従事すると共に混合生物種族の内に降下した一群の魂たちがいます。あの特定の時代に火星の破壊に巻き込まれたけれどもこれらの魂たちと一緒ではなかった実体たちは、現在でもなお、彼ら自身の調和をもたらし得る振動エネルギーで動く傾向をもっています。

それはブルーレイ（青い光線）振動エネルギーに近いものです。なぜなら、地球での転生を選択した火星からの植民者は、大部分レムリアの時代にやってきたからです。彼らは現在（１９８０～９０年代）地球に流入しつつある『新たな青い光線の子供たち』と一緒に地球に帰還してきているのです。これがあなたの質問への答えになります。しかしそれは、過去生の活動が占星図や占星リーディングから読み取れることを保証するものではありません。

キース：火星の人々の文化および生活は一体どんなものだったのですか？　また、彼らはどんな仕事をしていたのですか？

スキャリオン：彼らの活動は地球とは違うふうに見られなくてはなりません。なぜなら、彼らの寿命は数百年ではなく数千年の長さだったからです。また文化という点では、地球におけるギリシャ時代に類似していました。

というのは、火星の社会では、討論や議論が国民的娯楽になったほど盛んに行われていたのです。一つの件についての議論は、数か月という期間ではなく数年にわたって続けられました。重要と考えられるテーマに関しては、あなた方の時間感覚で半世紀あるいはそれ以上の長い期間を議論に費やしたのです。しかし、いったん合意が形成されれば法律として制定され、その後変更されることなく数万年の長きにわたって遵守されました。

それゆえ、議論や討論に従事することは、プロのスポーツ選手や芸能人・タレントのような一つの職業として確立されていました。なかには議論の技に真に熟達した人たちがいて、その卓越したパーフォーマンスを自分の目で見たり経験したりすることは、数多くの人々の望みであり願いだったのです。

長寿命で活動の範囲が広かったため、人口が大きく変動することはありませんでした。現在あるいは過去の時代に地球で経験されたような人口爆発、あるいは人口の急増はなかったのです。地球においては、人口がいつも戦争によって最小限に抑えられ、その後再び増加に転じる、というパターンでした。同様にして、地球の大変動が多くの文明を崩壊させ、その結果非常に多くの人々が死に追いやられました。これまでに地球は6回そのような暗黒時代を経験しましたが、その度ごとに、次の暗黒時代に入るまでに科学技術の面で再興し、さらなる高みを達成してきました。

火星の場合はそうではありませんでした。なぜなら、大破壊は一度だけであり、火星の三次元振動レベルでは完結しているからです。すでに述べたように、研究や知的探求は素晴らしい気晴らしでしたが、それらは長期にわたってゆっくりと実践されました。文化発展のためというよりもむしろ個人的な楽しみとして供されたのです。

科学技術面での進歩を遂げるために常に尽力する――実のところこれが、地球における最も先進的な文化の最も破壊的な要素になっているのです。「同じ魂たちがいくつかの過去生で科学技術に基づく文化の発展に係わっていたため、その面で達成可能なレベルに関する記憶を潜在的にもっている」というのが主たる理由の一つであり、常に彼らは、自分たちが記憶している一層進んだ段階へ戻ろうとして懸命に頑張るのです。

火星ではそのようなテクノロジー面の変動はありませんでした。どちらかと言うと、時間をかけてゆっくりと進歩し、最高のレベルを達成した後に、先に述べたような未曾有の大破壊を引き起こしたのです。

火星における労働は、骨折りや勤労を志向したものではありませんでした。労働の多くが自動化工程に基づいていたためです。食糧のほとんどは水耕栽培と称されるものに似た方法で生産されました。滋養になるさまざまな食物を育てるために、水よりもむしろエーテル・エネルギー※2が活用されたのです。

火星における文化としてはスポーツが特に重要であり、とりわけ水上競技が盛んでした。また、何であれ心を拡大するものは意識の大いなる一部でした。説明するのが難しいのですが、火星における現実世界を理解するには異なった思考プロセスが必要なのです。なぜなら、あなた方が知っている時間は、地球では制約条件になっているのですが、火星ではそうではなかったからです。

火星の人々にとっての大いなる楽しみの一つは、意識が時空を旅するタイムトラベルでした。三次元物質世界の宇宙旅行である他の星系への旅を楽しむ人々もいましたが、これは略奪者たちが外宇宙から現れたとき、強制的に止められました。しかし、これが起きたのは火星における一つの時代だけだったのです。ちょうどそれは、地球におけるローマ時代、ギリシャ時代、あるいは西欧文明の時代のようなものです。火星における人々の活動にも類似した時代のパターンがありました。

しかし、彼らの科学技術の発展および彼らの行動や傾向は、まったく異なる基準に基づいて判断されねばなりません。「彼らは神として火星に投射されたため最も高いレベルでスタートした」というのがその理由です。そして、退行することなく高いレベルの状態がそのまま維持されたのです。

当時の若者たちの多くは、さまざまの種類の『思考に基づく創生』あるいは『心による構築』に関わりました。学校ではグループに分かれた生徒たちが、思考プロセスに基づいて物理的対象物を創り出したのです。彼らは実際に心でもって三次元物質を創生し、その課題の終了後、それを種々の構成原子に分解して元の状態に戻しました。それはちょうど、地球上の子供たちが積み木を使って遊んだあと、それらを片付けてしまい込むようなものでした。

学校教育は、地球における二十年程度の期間ではなく、数百年にわたって行われました。というのは、学習の対象となる事柄が、あなた方が想像できる以上にたくさんあったのです。地球における二十一世紀の始まりが、太古の時代に火星がスタートした段階になるでしょう。言い換えれば、思考が可能にする新たな世界に向かってあなた方が進むとき、それは火星の人々が何度も何度も突破して完了したレベルなのです、彼らはその後他の種類の思考活動へ向かい、さらに大きな進歩を遂げました。

すでにお話しましたが、基本的に防御システム・軍事力あるいはこれに類する活動の必要性がありませんでしたので、より多くの時間を社会活動と呼ばれ得るものに使うことができたのです。事実、火星の文化における大きな問題は、如何にして人々の退屈しのぎになる新たな創造活動を見つけるか、ということでした。とりわけこれは、タイムトラベル・システムが使えなくなった後、極めて深刻な問題になりました。なぜなら、それが火星の社会において非常に多くの人々の心を満たせる有効な手段だったからです。

火星における瞑想は、地球で為されているものと最も類似しています。それは人々の毎日の生活の一部でしたが、火星の文化を理解する上で真に鍵となるものの一つです。なぜなら、瞑想を実践することにより、振動レベルの異なるさまざまな世界を超越し、知識さえも超えることができるからです。

火星の現実世界についてあなた方が真に理解できることはほとんどないのですが、瞑想や祈りは、存在の振動レベルに関係なく、全宇宙において共通であり普遍的なのです。火星における一日はあなた方の二十四時間よりもずっと長いのですが、各個人はその10～15%を祈りや瞑想と呼ばれる活動に費やしていました。霊性志向のグループがお互いに完全に同調し全員が宇宙の普遍意識と一つになる――そのような霊性に基づく活動が火星における人生経験の大部分だったのです。

キース：火星における生命活動はどのようにして始められたのですか？

スキャリオン：すでに述べられたように、すべての魂は同時に創造され、各々異なる表現活動の場を選びました。一部の魂は他の星系から火星に到来しましたが、その大多数は、最初に物質次元に投射された魂たちの集団に含まれていたのです。

この点において、時間はこの文脈から切り離されて解釈されねばなりません。なぜなら、時間が存在するのは物質次元だけだからです。それゆえ、『大いなる一つ』からの思考の最初の投射が火星の生命の起源である、というのがあなたの質問に対する答えです。そして、その多くは他の星系や他の次元の宇宙からやってきたのです。

キース：彼らの宗教は集団あるいは全体に基づくものですか？

スキャリオン：それは『調和し和合すること』と考えることができます。現在あなた方が神と呼ぶものは、太古の昔からずっと存在しこれからも存在し続ける『大いなる一つ』のことですが、それは、各個人の定義に基づいて決まります。

火星においては、思考や祈りによって全体的な理解が形成され、仕上げられ、そして整えられました。また、各々の魂に神という存在の定義があり、毎日その解釈が彼らの集合意識に付け加えられたのです。

彼ら自身の集団的思考が一体になった結果としての集合意識の化身、それが神であると彼らは理解していました。彼らの信条は、天上におわす創造主や地獄にいる悪魔、というよりもむしろ調和であり和合だったのです。自分たちすべてが毎日の祈りや瞑想において結びついていることが分かっていましたので、彼らは真に彼らの神と一つでした。

※1イニシエイト：高次意識への到達を目指して霊性開発に献身し続けている人を意味する。

※2エーテル・エネルギー：万物を具象化させている根源的エネルギー。それが存在するという推測は、ギリシャ時代から為されている。

現代の地球に生きる私たちへの教訓

キース：火星の人々が建造したピラミッド以外に何か建造物がありますか？

スキャリオン：宇宙エネルギーの導波管として機能したトンネル・システムがあります。それらは円形をしていました。火星防御システムを制御する装置は制御室にあり、それはエネルギーを生み出す母体の一部でした。一連のエネルギー導波管トンネルが特定のピラミッドの周りに配置されていました。それは現在あなた方が使っている電子加速器に似ています。宇宙エネルギーがピラミッドを通して入ってきて、電磁力と融合します。この電磁力は、火星が自身の核の中で絶えず生み出している振動エネルギーに基づいています。

特定の寸法に基づくこれらの導波管トンネルは滑らかに磨かれていて、宇宙エネルギーを集めるピラミッドと連動し、エネルギー変換システムとして機能しました。各々の導波管は巨大な車輪状の地下トンネルであり、ピラミッド構造物の下に配置され、その中心部でピラミッドと連結されていました。これらは機械装置のようですが、可動部品は含まれていませんでした。火星の人々は、時間に制約されない宇宙エネルギーを時間に制約されている導波管トンネルからの電磁気力と結合させることにより、彼らのタイムマシンを創りました。これが二番目のタイプの建造物です。

火星の人々の居住施設は大規模なドーム型で、現在あなた方がジオデシックドーム※と呼ぶ建造物に似ていましたが、実際は半球でなく全球で、中央ピラミッドから生み出されるエネルギー場によって空中に浮かんでいました。そしてこれらの住居はピラミッドと相互に連結されていたのです。

複数の家族が、特定の配置に基づいて大きく拡張された居住施設に住んでおり、これらの拡張型住居は『ポッド』と呼ばれていました。彼らの寿命が数千年であったことを理解してください。それゆえ、彼らは非常に大きな家族であり、極めて大きな複合施設を構成するさまざまのポッドの中で生活していたのです。これらのポッドもまた相互に連結されていました。

以上に述べたように、ひと続きに繋がったガラス様式のポッドが、すべて中央ピラミッドの周りに浮かんでおり、一連のピラミッドが地下の導波管トンネルと結ばれていたので、二つの大陸各々の全体が巨大で相互に連結された都市になったのです。そして、個々の家族のグループは彼らに特定された住居に住んでいました。以上の説明により、火星の人々のライフスタイルやエネルギー生産方式について、かなりの程度の理解が得られるでしょう。

キース：地球のピラミッド、特にエジプトの大ピラミッドの下にも、何か似たような構造物がありますか？

スキャリオン：大ピラミッドは『クフ王のピラミッド』と呼ばれていますが、この名前は後世の人々が付けたものであり、本来の名前は『理解のピラミッド』です。これは後にイエス・キリストとして転生した実体であるヘルメス自身によって設計され、『理解の宮』あるいは『叡智の宮』として建造されました。火星において使われたものと同じ宇宙エネルギーを用いて時間移動を実現しますが、これはむしろ、神すなわち『大いなる一つの普遍的意識』とコミュニケーションするための装置の如きものでした。

また、大ピラミッドには、まだ詳しく調査されておらず理解もされていない他の面の秘密があります。その下には花崗岩の岩盤があり、今もなお、より小さなピラミッドが大ピラミッドとスフィンクスの間に存在し、現存するさまざまのトンネルの一部がそれらに通じています。これらの地下のピラミッドには記録が保管されていて、それには火星のピラミッドに関する参照文献が含まれているのです。アトランティス人はこれを知っていました。実際のところ、北アフリカの地に侵攻し、当時のエジプト人の助けを得て大ピラミッドを建造したのは、一部のアトランティス人だったのです。

この他にも地球には、火星のトンネル・システムに類似した一連のトンネルがあります。これらはアトランティスやレムリアよりもずっと以前のルーマニアの時代のものであり、人々の移動のために使われました。これらの移動施設全部がトンネルだったのではありませんが、その後地球の形が大きく変化したために地中に沈み込んでしまったのです。これらが使われていた当時は、地下深くにあったのではなく、移動路や運搬路として機能していました。今なお存在しており、その多くは発見されているものの、まだ充分理解されてはいません。

キース：火星での戦争および彼らの惑星の破壊の物語は、現在の私たちにどんな係わりをもつでしょうか？

スキャリオン：現在の人々への教訓は単純かつ明快であり、それは

《1》防御だけを可能にするテクノロジーは存在しない
《2》孤立はできない
《3》調和と和合が必要である

ということです。火星の物語が教えていることは「たとえ種族や存在の次元が違っていても、すべての人々が一体になり、コミュニケーションや祈りに基づいて全体のために協力し合うとき、真の調和と平和が実現する」ということなのです。

変化をもたらそうとして、大義あるいは創造主の名の下に自分たちのパワーを間違って使う者たちは、いつどんなときにでも現れます。そのような者たちが挑戦的態度・行動に出てきたとき、あるいは類似の状況が生まれたとき、このような場合に分離が生じて最終的に破壊力が動き始めるのです。

繰り返しますが、今日のあなた方への教訓は、すべての人々が互いに同調して自分たちのことよりも全体のことや平和を優先し、全体の調和を求めること――これがとても大切であるということです。そうすることによって、地球の人々が火星で起きたような全面的破壊に至る可能性がなくなるのです。

※ジオデシックドーム：三角形の部材を組み合わせた半球形の構造

私たちの惑星を平和的共存に向かわせるエネルギー

というわけで、私たちの祖先の一部は、地球の近隣惑星である火星からの小規模な植民に基づき、彼らの生命活動を開始したのですね。他の星系からはどのぐらいの数の訪問者があったのでしょうか？私たち人類は、さまざまの宇宙からやってきた多様な生命形態の複合なのでしょうか？

導師たちによると、火星の生命形態と地球の生命形態の間の繋がりは、近いうちに理解されて周知の事実になるそうです。少なくとも、かつて火星に生命が存在したことは、多くの人々の知るところとなるでしょう。

聖書の教えに従えば、私たちが文明と呼ぶものの起源はわずか６０００年前です。しかし、宗教の教義は科学的真実に取って代わられていますので、毎年それをさらに過去の時代に押し戻す必要があるように思われます（宗教の教義は真の霊性や信念とはまったく異なります）。現在私たちが常識として知っているよりもずっと長い期間、人間は地球上に（おそらく他の惑星にも）存在している――私はこのように確信しており、少しずつではありますが、それを支持し証拠づけるものが毎年明らかにされてきています。

時間の経過は、必ずしも私たちが霊性や知性の面で成長していることを意味しません。自分をどのように表現すべきかについての選択に、私たちは絶えず直面しています。すべてが完全・完璧となり私たちが解脱・安息の境地に達するときは、もしかしたら決して来ないのかもしれません。

しかし、個々の魂は自立していて『大いなる一つ』の一部ですので、どんなときでも一つのレベルから次のレベルに移行することができます。たとえ私たちが現在どんな物事に重点を置いているとしても、全力を尽くしてそれに当たることはいつでも可能なのです。これは個人についてのみならず社会全体についても言えることです。

導師たちによれば、調和や響きのレベルが高いエネルギーは、大いなる宇宙から類似のエネルギーを引き寄せます。そして、前向きで建設的なエネルギー源に引き寄せられるのを望まない人々やそのグループは、彼らに似てなじみのあるエネルギーを探し出そうとします。

彼らがそれを止め、異なる種類のエネルギーを希求するまで、彼らのそのような傾向はいつまでも続きます。その場所が地球であろうとあるいは他の振動レベルの世界であろうと、エネルギーは絶えず類似のエネルギーを探し求めるのです。

自分は一体どんな種類のエネルギーを出したいのか――これを決めることがあなたの個人としての選択です。その選択から何が生じるのか、どんなものがあなたにやって来るのか――それは必然的な結果として出て来ます。「私たちに欠落していると思われるものを外部に求めるよりも、むしろ私たちが生み出すエネルギーの純化に専念すべきである」ということが、おそらくは、火星の崩壊の物語から学ぶことのできる最も重要な教訓なのでしょう。

私たちが集合的にどのようなエネルギーを宇宙に放射するか――それ次第で、私たちも彼らと同様の未来を迎えることになるかもしれません。また、苦もなくまったく異なる方向に進む可能性もあります。火星の文化を破壊から救い得たと思われる種類のエネルギーを私たちがここ地球で創出できること――結局のところ私はこれを切に望みます。それこそが、私たちの惑星を調和と均衡そして平和的共存に向かわせることのできるエネルギーなのです。

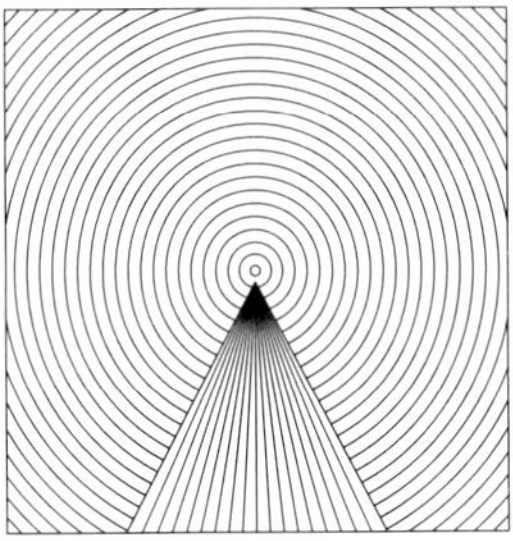

第❷章

大ピラミッドと記録の間の秘密

【解説】大ピラミッドと「記録の間」についての驚異の情報

エジプト・ギザの大ピラミッドに関しては、本・雑誌・テレビ・ビデオ等の媒体により、これまでに種々様々な情報が提供されてきました。その中の一つが『ピラミッド5000年の嘘』と題するドキュメンタリー映画で、2012年の初めに公開されました。

この映画の日本語のタイトルは極めてセンセーショナルですが、英語のタイトルは“The Revelation of the Pyramids”で、これは『ピラミッドの黙示』という意味です。この映画は、大ピラミッドについての37年間にわたる調査・研究、および6年間の徹底的な検証を経て導き出された結論を映画化したものだそうです。

この映画が提供する映像やデータは、科学・技術面の検証に基づく非常に客観的なものであると共に、大変啓発的です。そして、その最終結論を含めて、スキャリオン氏からもたらされた形而上学的情報と基本的に一致しています。もしもまだ見ていないのであれば、是非ともDVDを購入あるいはレンタルしてご覧になることをお勧めします。

しかしこの映画は、大ピラミッドがタイム・マシンであり、神および天使たちとコミュニケーションするために使われたこと、飛行船のような手段を使って建造されたこと、全部で14の部屋が存在すること、等は述べていませんし、1万2500年前の記録が保管されている『記録の間』には全く言及していません。

前章の解説部分において、ピーター・ムーン氏発行の本『Mystery of Egypt（エジプトの秘密）』の内容を一部ご紹介しました。ルーマニアのブセギ山脈地下の入口から地球内部の秘密の場所に至るトンネルが三つ存在し、この三番目の地下トンネルの合同調査が、米軍・ルーマニア軍によって2005年に実施されました。この英語の本には、その合同調査のいきさつ及び詳細が述べられています。

トンネルの終点はギザの地下260メートルの場所なのですが、そこには謎に満ちた神秘的な部屋があり、タイム・マシンが設置されていて、それを使えば過去や未来への意識の旅が可能であることが述べられています。驚くことに、この神秘的な部屋はいくつかの点で『記録の間』に酷似しているのです。

最初の類似点は「記録を内包するタブレットが大量に保管されていること」であり、二番目は「高さ2メートルにも及ぶ巨大な水晶体が立っていること」、三番目は「地球の最先端テクノロジーをはるかに凌駕《りょうが》するレベルの高度なメカニズムが、この部屋を保護し守護するために使われていること」です。これらの点は、スキャリオン氏からの情報と見事に合致しているのです。

それでは、大ピラミッドと『記録の間』についての驚異の情報をお楽しみください。

エジプトの超古代建造物を訪ねる

私（スキャリオン）は、１９９４年の終わり頃に一連の夢を見ました。最初それは、以前夢に現れた火星に関する映像の再現、あるいは、その最新版と思われたのですが、結局のところ、それらは全く新しい映像情報であることが分かりました。（以後、このような映像情報をヴィジョンと呼びます）それらは、長らく忘れ去られた国、「ダル」についてのものだったのです。その国は現在エジプトとして知られています。

これらの夢において私は、壮大なピラミッド状建造物を見ました。それらは現存するものと同じく巨大なのですが、表面の石がガラスと同じほどの滑らかさにまで磨かれていました。そして建造当初のスフィンクスは、高さが低く最も目立つ位置にありました。五感を駆使して知覚されたこれらの映像は、極めて色鮮やかで生々しいものであり、緑の生い茂った景観や、新鮮で湿潤な空気、太古の昔に失われた文明のエキゾチックな芳香が感じられたのです。

公衆用の噴水から流れ出る水の音が聞こえ、奇妙な衣服に身を包んで仕事に従事している人々が見えました。また、あるヴィジョンにおいては、原初の状態のナイル川における活気あふれる活動を観察することができました。それは現在知られている大河としてのナイルではなく、人工の水路でした。完璧に直線状であり、側面はどっしりとした切石で建造されていたのです。

ヴィジョンの心象やイメージは、数夜の間にほとんど耐えがたいほど強烈になり、刺激的で好奇心をそそる高速映写モンタージュ写真のように、私に向かってどっと押し寄せてきました。もっとゆっくり見られるようにしたかったのですが、細部を確認できるほどにその速度を落とすことはできませんでした。

そこで私は夢の導師たちに、知覚面の過重負担を軽減してくれるように頼んだのです。その夜の夢の中に「ダルネ」と自称する存在が現れて「光の神殿に来なさい、そうすれば分かるでしょう」と言いました。

翌朝目が覚めたとき、どういうわけか私には、エジプトに行かねばならないことが分かっていました。あの広大な砂漠において発見すべき何か重要なこと、及び、その手掛かりがあることを、直感的に理解していました。

その時までに私は、直感を信じることの重要性を充分学んでいましたので、エジプトに行くべきか行かざるべきかについての議論は、ほとんどする必要がありませんでした。その翌日、パートナーのシンシアと私はエジプト旅行の計画を練り始めました。そして翌年

１９９５年の1月の旅行を予約したのです。

私は１９７９年に初めて直感に基づく経験をしたのですが、それ以来、古代文明や埋もれた神殿等のヴィジョンを数多く夢の中で見てきました。そして、特定の場所を訪れれば、その画像や映像は鮮やかな色彩を帯び、私は自分の心をその構造物の下側や内部に投射することができたのです。

エジプト滞在中、私はこれを行いました。私がほとんどの時間を過ごした場所は、エジプトの首都カイロの近郊、ギザ台地として知られている建造物集合地域でした。特に注目すべき建造物は、スフィンクス、クフのピラミッドと他の８つのピラミッド及び、さまざまな神殿です。

これらがいつ、誰によって、何のために建造されたのかに関しては、今でも論議が続いています。現在のエジプト学者たちの多くは、建造年代を紀元前２６００年頃、すなわち今から４６００年前であると信じています。しかし、私の得た情報によると、それはおよそ紀元前１万５００年なのです。

それらの建造年代については、現時点における科学的事実と私の直感に基づく信念の間に大きな違いがあります。１９４５年に他界した予見者エドガー・ケイシー※も、建造年代が１万年以上前であることを示唆しました。変性意識状態において彼は、１万年以上前の超古代に起きた激変にしばしば言及し、それが地球上の文明の多くを崩壊させたと述べています。

※エドガー・ケイシー（Edgar Cayce 1877〜1945）：スキャリオン氏と同じく、卓越した透視能力に恵まれた未来予見者。とりわけ正確無比な医学的透視による診断に基づき、数多くの人々を病気から開放したことで有名。

大ピラミッド

ギザの大ピラミッドは「クフ王のピラミッド」として知られており、世界の七不思議の一つと考えられていますが、数千年もの間その存在は神秘そのものでした。科学技術が格段に進んだ現在でもなお、それは依然として謎のままです。私たちは人間を無事に月に到達させて地球に帰還させた宇宙船を建造しました。しかし、このような素晴らしいテクノロジーをもってしても、誰がどのようにして大ピラミッドを建造したのか、そしてこれが最も重要な点なのですが、なぜそれが造られたのかを知ることができません。

エジプト学者たちは、大ピラミッドがクフ王の墳墓としておおよそ紀元前２６００年に建造された、と信じています。彼らは、当時の人々が20年以上の期間を費やし、青銅器と10万人以上の奴隷を使役してこの記

ギザ

念碑を造った、という学説を立てました。

さてここで、大ピラミッドについて科学的に知られている事実（その地球上の位置等）を検証してみましょう。もしも私たちが大陸や海洋が描かれた１枚ものの地図を見るとすると、大ピラミッドは世界の全陸地表面の地理的中心――北緯30度・東経30度――に正確に位置しています。さらに大ピラミッド東面の方位は、真北（すなわち現時点での正確な北極星の方向）からたった5分30秒しかずれていないのです。

大ピラミッドは約２５０万個の石塊から構成されており、個々の石の重さは2トン以上で、そのうちのいくつかは50トン以上の重量であると推測されています（ちなみに、米国車の平均重量はおおよそ2トンです）。これらの石塊は、採石場から切り出されてから運搬され、薄いカミソリの刃さえも継ぎ目に入らないほどの精度で組み付けられました。大ピラミッドの垂直方向の高さは約１４０メートルで、これは40階建の高層ビルの高さに相当します。

現時点で冠石は存在せず、はたしてそれが実際に存在したか否かについての議論が現在でも続いています。この巨大な記念碑の土台部分の寸法は4辺ともおおよそ２３０メートルで、その面積は約5万２６００平方メートルです（ちなみに、ニューヨーク市1街区の平均の大きさはほぼ８１００平方メートルです）。大ピラミッドの土台部分の方位は完璧に基本方位――北南東西――に一致しており、さらにその高低差はピラミッド全周で２・５センチ以内に収まっています。

どの文明が大ピラミッドを造ったにせよ、その文明は高度な数学の知識を持ち、地球の物理量を正確に把握していたに違いありません。特に大ピラミッドの北極からの正確な位置を数秒以内の誤差で把握していたと思われます。誰であれ大ピラミッドを訪れる人は、疑いなくそれが高度に進化した人々によって建造された、と確信するでしょう。その完璧さにおいて並びうるものは、現時点で世界のどこにもありません。

従来のエジプト学によると、大ピラミッドは今から４６００年前に建造されたことになりますが、それ自体がまさに謎なのです。考古学によれば、その時代には鉄器ではなく青銅器が使われていました。これらの石塊――特に内部の部屋の建材である花崗岩――を正確に切り出すには、現在でもダイヤモンドの切削に使われるような精密工作機械が必要であり、しかもそれは極めて大規模な設備でなくてはなりません。大ピラミッドの建造に必要な工学や数学および科学技術は、現時点においても私たちの理解をはるかに超えています。

事実、20年以上前に大ピラミッドの縮小モデルを建造しようという試みがなされました。日本からの資金提供に基づき、当時の最先端レベルの研究者・数学者・コンピューターの専門家・機械および他の全ての分野の技術者が、ギザ台地に呼び集められました。しかし、数カ月にわたる重労働と数十億円の費用が投じられた後、このプロジェクトは中途で断念されたのです。20世紀における最先端テクノロジーが駆使されたのですが、縮小モデルでさえも建造不可能だったのです。

大ピラミッドを訪れたあと、私は「原始的な文明がそれを造ったと信じている人々は、実際にその内部に入ったことがあるのだろうか?」という疑問をもちました。たとえ全体の大きさや外形の完璧さにびっくり仰天しないとしても、その内部構造には誰もが驚愕するに違いありません。

私が初めて大ピラミッドに入って大回廊に足を踏み入れたとき、大いなるヴィジョンが喚起されたのですが、それは、決してそれ以前には経験していなかったほどのレベルと規模のものでした。大回廊は、長さ約47メートル、高さ約8・5メートル、傾斜角は26度で、完璧な精度で位置合わせがなされています。用いられている建材は花崗岩で、その多くは50トン以上の重量なのです。

私スキャリオンは、『花崗岩の州』として知られている米国ニューハンプシャーに住んでおり、私の家は花崗岩の基礎の上に建てられましたので、この特別な鉱物を加工する上で必ず付いて回る困難さを熟知しています。あなたは花崗岩を割ろうと試みたことがありますか？　――まして花崗岩を切るなんて、全くとんでもないことです。たとえダイヤモンドの刃の付いたのこぎりや研磨機が使えるとしても、大ピラミッドの大回廊によって示された工学技術上の偉業を達成することは、まさに気が遠くなるような大仕事なのです。

大回廊の花崗岩は、そこから通じている2つの部屋――王の間（玄室）と王妃の間――で使われている花崗岩と同様、とても綺麗に磨かれています。さてここで、現在推定されている建造方法――20年の建造期間、10万人の奴隷、青銅製の道具、原始的レベルの人々――を思い出してください。どう考えてもこれは不可能です。これらの要素をどのように組み合わせても、到底大ピラミッドの建造には至りません。


ギザと大ピラミッドを訪れたことにより、私の人生が大きく変わったことは極めて明白です。このようなことは決して気軽には言えません。健康上の危機に遭遇した１９７９年以来、私は幾多のとてつもない経験を経て、予見能力者としての人生を否応なく歩んできたので、それを考えると、このような表現は安易にはできないのです。

これらすべてを振り返ってみると、大ピラミッドでの経験は私の人生に計り知れないほどの影響を及ぼしました。エドガー・ケイシーは「大ピラミッドはイニシエーション※の神殿として造られた」と述べましたが、まさにそこを訪れたことにより、私自身がイニシエーションを経験したのです。

事実、多くの予言者や予見能力者が「大ピラミッドはイニシエーションのための場所である」と述べています。なかには、「地球の自転軸のずれを防止して世界を安定させることが大ピラミッドの建造目的である」と示唆した人もいます。

相変わらず科学者たちはそれがクフ王の墳墓であると主張していますが、それを証拠付ける記録はおろかミイラさえも見つかっていません。エジプトの他の建造物と異なり、大ピラミッドにはその目的を解明するのに役立つヒエログリフ（象形文字）が見られないのです。もしも大ピラミッドの建造者が何らかのメッセージを記録として残したかったのであれば、間違いなくそれが存続するように、建造物そのものの大きさやそれが内包する巧妙な数学に基づいてこれを行った、と考えられるのです。

私がギザで受け取ったヴィジョンは、1979年以降他の状況において受け取ったものとは全く違っていました。通常私がヴィジョンを見るとき、それは、同じ出来事の異なる面の二つないし三つが分割されたスクリーンに映し出されるのを眺めるようなものなのです。

しかしギザでは違いました。私が最初に見たヴィジョンは、私がピラミッドに入る前に生じたのです。そのとき私は、ホテル「メナハウス」の部屋のバルコニーに座っていました。私たちの部屋は大ピラミッドに面しており、わずか30メートルぐらいしか離れていませんでした。

そのとき私は、大ピラミッド建造の準備のために作業員たちがギザ台地を綺麗に片付けている、その状況を自分が眺めているのに気付いたのです。そして、私自身がヴィジョンに引き込まれていることが分かりました。すなわち、私がある出来事を見ているという視覚的な経験ではなく、私自身が自分の見ている場面の一部になっていました。

スキャリオン氏のヴィジョンを描いたイラスト
（Illustrator : Ken Southwick）

実際のところ私は、大ピラミッド建造の時代にタイムトラベルしていたのです。

※イニシエーション：人がその霊性を開発する機会であり、一つ一つの経験、行動、行為（とりわけ思考）は、その一部である。

大ピラミッドが建造された目的

　空を見上げると、有史以前の鳥類を思い起こさせるような大きな鳥が飛んでいました。その場所の地勢は現在のギザとはずいぶん違っていました――亜熱帯の緑豊かな植生、過ごしやすい気温、台地全体を取り囲む水路。このヴィジョンが始まったときに私が居たホテルのあたりは水面下になっています。

　また、空中には飛行船に似た葉巻型の飛行物体が浮かんでおり、そこからケーブルが地表に伸びて船をしっかりと固定しています。白いキルトを着て布製の帽子をかぶった作業者たちが、船の下側に取り付けられた揺りかご状の架台から石塊を取り出しています。彼らがかぶっている帽子には、肩まで届く長いたれぶちが付いています。この光景は、ケーブルによって支えられ、離着陸場の重い物資を積み込んでいるヘリコプターを連想させます。他の飛行物体が、固定ケーブルによって誘導され、次々とこの場所にやってきました。各々の船は揺りかご状の架台付で、石塊が一つだけ積まれていますが、それには図案に基づく標識で荷印が描かれています。

　ここで私は、ピラミッドに係わる難問に関してこれまで考慮されていなかった可能性に気付きました。石塊は石切り場からこれらの飛行物体によって運搬されていて、荷船・ローラー・傾斜路・奴隷等は使われなかったのです。

「たとえこのヴィジョンがこの時点で終わったとしても、それは私の人生においてこれまでに目撃した最も驚くべき光景だ」と私は自分に言い聞かせました。今から数千年後に『世界の七不思議』の一つとなる建造物が造られていくのを、私は引き続きじっと見ていました。びっくりしたことに、私には、作業員たちの声や空中を飛行する巨鳥の鋭く甲高い鳴き声が聞こえたのです。私は快い蒸し暑さの中で陽の光を浴びていました。

画像が意識の川のように目の前を通り過ぎていきます。

「これは一体いつの出来事なのだろうか?」と思ったとたん、内なる声が答えました。

内なる声：この時代は現在より1万2553年前です。

私はエジプトに旅立つ前にニューハンプシャーの自宅で書き留めた質問表を思い起こしました。この旅の間に、スフィンクスや大ピラミッドの謎を解く鍵——それらの意義や重要性、私がここに呼び寄せられた理由——が見つかることを願っていたのです。

今や私はギザに居て超意識のデータベースに繋がっていますので、単に手掛かり等を探すよりも少しは良い仕事ができるかもしれません。時間切れになりヴィジョンが終わってしまうのを懸念して、再びさまざまな考えが次々と心に浮かんできたのですが、この時間の流れの中に留まり、このヴィジョンが続くままにしておくことにしました。

スキャリオン：ギザの一連の建造物が最初に造られたときの原初の意義は何だったのでしょうか？

内なる声：その目的はその時存在した根幹人種次第で変わるので、これは、その時どの文明がギザ台地に存在したかによって決まります。というのは、ここでは幾多の進化があり、数多くの集団が行ったり来たりしたからです。当初この国は人類の最初の居住地の一つでした。

スキャリオン：それはどの時代ですか？

内なる声：その質問に答えるためには、１千万年以上時代を遡ることが必要です。その当時の人々は集合思考形態のようなものに基づいていました。ある面では物質的なのですが、その密度は低かったのです。もしもあなたの時代に当時の人々を見れば、彼らは影のように見えることでしょう。彼らの社会は『大いなる一つ』との意識的関係に基づいて築かれており、常時コミュニケーションをとっていました。ちょうど今の時代に息をするのが当然であるように、それは極めて当たり前のことだったのです。

地球の自転軸が大きく変わってずれたことが何度もありましたが、その状況においてもこの場所は、地球の他のどの地域より長い期間居住されてきたのです。最後の極移動が起きる前の時代、それは今から5万4000年ほど前ですが、ゴビから人々がギザにやってきて居住を始めました。彼らはこの地域に移ってきて先住の人々に加わったのです。現在多くの地域で発見されている巨石人頭像はこれらの人々に近縁です。

極移動の後、この地域は荒地のようになりましたが、最終的には異なる地質学的構造を形成し、植物が生い茂る熱帯のようになりました。あの時代においては海洋でさえも現在

巨石人頭像（比較のため大人と子供の大きさを示している）

とは全く異なっていたのです。その後この地域はゆっくりとした変化を遂げ、再び居住可能になりました。すると、ムー、アルタおよびその他の国の人々が移住してきて、高度に進化した社会を築きました。それは今から約3万8000年前のことです。あの時代を「ギザ台地の始まり」と呼ぶことができるでしょう。

しかし、念のために言っておきますが、それはこの地域における最初の文明ではありません。というのは、あの時代においてさえも、原初の居住者がどんな人々であったのかを究明するための調査が行われていたからです。

あの時代において、今もなおギザに存在する記念碑の最初のものの建造が始められました。それはあの時代のエジプト王の巨大な石像です。その後、現在スフィンクスと呼ばれるものに改造されましたが、これはその約1万6000年後に移住してきた人々によってなされました。その後も彼らの文明は、アトランティスからの破壊的な力がやってくる約3万年前まで存続しました。その時、彼らと現在中国と呼ばれている国の間で戦争が行われたのですが、それが地球全体の激変を引き起こして世界を再度暗黒時代へ追い込んだのです。

その後この地域は休眠状態に置かれ、約1万8000年前まで再浮上することはありませんでした。その時、後年太陽族となる人々がやってきたのですが、それがあなた方の知っているエジプト文明の始まりです。文明としての発展は遅々たるものでした。しかし、今から1万2500年前、他の種族の人々がズー、ウル、ダル、アルタから移住してきたのです。地球上で大いなる科学・テクノロジーの進展や霊性上の進化が達成されたのが、まさにこの時代でした。

その時、一連の建造物複合体となるもの、および、科学・医学・歴史学・天文学のための建物、観測所、占星学や数秘学のための建物等、が立ち並ぶ大通りに関する構想や計画が始められました。一連の建造物複合体は地上と地下の両方に存在します。これらは、米国議会図書館、スミソニアン博物館、カイロ博物館、パロマ山天文台、そしてさまざまな大学のようなものです。

さてあの時代、ナイル川は建造物複合体のずっと近くを流れており、それがギザ台地に至るように運河が掘られていました。たとえば、曲がり角や湾曲部次第で多少変わりますが、ナイル川はスフィンクスから460〜920メートルの距離にありました。この運河が水をギザ台地に流し込んでいましたので、ギザそれ自体が島のようになっていたのです。

その一方、現在あなた方がギザ台地を見れば、古代の墓地および新しい墓地である場所は、東側にあってスフィンクスに面しています。しかし、あの時代それは水路でした。ですから、ドック（船渠《せんきょ》）付きの港がスフィンクスの東側と西側にある長方形の島を心に描けば、あの時代のギザ台地の状況をほぼ理解したことになるでしょう。

スキャリオン：大ピラミッドは、人々が祈りを捧げたりイニシエーションを経験するための教会、あるいは神殿のようなものだったのですか？

内なる声：あなたはこの建造物の目的を示す名称を知りたいのですね？

依然として私は高次意識との繋がりが失われるのを幾分心配していたのですが、気持ちの高ぶりをできるだけ抑えながら、「そうです。その通りです」と答えました。すると、すぐに返事が返ってきました。

内なる声：大ピラミッドはタイム・マシンなのです。

この答えは、私の考えていた可能性の中には入っていませんでした。現在のテレビや映画は、タイムトラベルの可能性を探求し始めたばかりなのに、どうやったらそんなことが可能になるのでしょうか？

比較のために、私たちが20世紀に達成したことを振り返ってみましょう——電気、自動車、原子力、レーザー、宇宙開発——これらは全て１００年という短い期間に開発され実用化されました。さて、次の１００年間に私たちの文明がどこまで発展しているか。それを想像してみてください。それはまさにあの時代の人々が1万2500年前に到達していたレベルなのです。

文明は必ずしも時間と共に発展しません。むしろそれは、その文明（すなわちその特定の集合意識）に与えられた課題次第で栄枯盛衰するのです。

スキャリオン：誰が大ピラミッドを造ったのですか？

内なる声：エジプト人やダル人の協力を得てアトランティス人が作りました。

スキャリオン：この装置はどのように働くのですか？

内なる声：大ピラミッドは多目的装置として設計されました。イニシエーションを可能にするために時間を曲げることが、その主たる目的です。これを達成するために特別な方法が用いられたのですが、それにより、人々のための他の便益・恩恵が生み出されたのです。

これらは、作物生産量の増加・気候制御・ある種の電気力など、多岐の分野にわたります。さらに大ピラミッドは、天上の科学――天文学、占星学・宇宙の諸力（フォース）の探求、数学、化学、内なる次元、七段階のイニシエーションなど――を学ぶための施設としても利用できました。

スキャリオン：それは天文学や占星学のようなものですか？

内なる声：そうです。大ピラミッドは宇宙観測所としても使われました。建造者たちは、星々の周期や地球・太陽に関連して星々から放射されている諸力（フォース）、および、それが意識に及ぼす影響を熟知しており、生命の存在が地球に限定されていないことを知っていました。

彼らはまた、この目的を達成するために、他の世界（内なる世界および物質世界の両方）の人々とのコミュニケーションが可能になる時期を示す『窓』について知っており、それらの情報を大ピラミッドの部屋に記録しました。これらの部屋のいくつかは既に知られていますが、他の部屋はまだ発見されていません。これらが分かっていましたので、星々や他の次元世界から放射されている諸力（フォース）に同調・増幅・変調して時間を曲げることのできる装置を建造することが可能になったのです。

スキャリオン：彼らは、タイムトラベルによってどんなことを達成したかったのですか？

内なる声：神および天使たちとのコミュニケーションです。

あまりにもこの答えにびっくり仰天したため、電気的な感覚が身体を走りました。そしてその結果、突如私の意識はホテルの中庭に戻ってしまったのです。自分の心を制御できず高次意識との繋がりが切れてしまったことに、私はひどく落胆したものの、頭がズキズキしていたため、翌日再度試みることに決めて、その日の午後は眠りにつきました。

「直感力を適用する際はそのタイミング（時間調整）と一貫性が重要である」——この点をあらためて認識しましたので、私は翌日同じ時間と場所でヴィジョンの再生を試みました。色彩豊かなヴィジョンが現れ、この地域の地勢や地形、当時のナイル川の位置、大ピラミッドの建造方法を見せてくれました。

しかしこれらは、私が普段受け取っているような標準的なヴィジョンでした。どちらかというと他のヴィジョンに混じり合ったものであり、その各々がわずか数秒で切れてしまったのです。これらのヴィジョンはおおよそ15分間で終わりました。

大ピラミッド内部の仕組み

その日の午後、シンシアと私はスフィンクスを訪れ、そこで一時間ほどの時間を過ごしました。その後スフィンクスを離れ、台地で最も高い場所に歩いて登りました。スフィンクスから３００メートルほど歩いてから道路の曲がり角で立ち止まり、そこからピラミッドのある方角に目を向けました。大ピラミッドと二つのより小さなピラミッド（メンカウラー王のピラミッドとケフレン王のピラミッド）の眺めは実に壮大かつ雄大でした。

突如としてその時、はじけるような音が聞こえ、自分が再び大ピラミッド建造時代にタイムトラベルして、その状況を目撃していることが分かりました。昨日の苦い経験から私は、重要と思われる観察対象に自分の思考を集中させることにしました。対話式コミュニケーションの繰り返しは期待しませんでしたが、昨日繋がりが切れたあの時点に戻れるように願いました。

ギザ台地にピラミッドは存在せず、まだ建造の初期段階のようでした。スフィンクスはすぐにそれだと分かりましたが、その様式は現在と全く違っていました。他にも長方形の建造物がいくつかありました。また、マウンド（小山）のような形の構造物も見えましたが、それらは非常に古い年代のように思われました。

　昨日のヴィジョンで見た巨鳥が沢山飛んでおり、数人の男が奇妙な身振りをしていることに気付きました。各々が片手につり縄のようなものを持っており、その先には重りが付いています。彼らはそれを円を描くようにグルグル回し始めました。急ブレーキが発するような金切り音が生み出され、それが巨鳥を散り散りにして追い払いましたが、私自身は耳をふさがざるを得ませんでした。その直後、大型の飛行物体が台地に現れました。

　冷静さを保ち観察者として留まれるように祈ってから大きく息を吸うと、電気的な感覚が私の肩から首にかけて流れました。私は注意深く最初の質問をしました。

スキャリオン氏とシンシア・キース氏（スキャリオン氏の仕事上のパートナー兼配偶者）

スキャリオン：大ピラミッドはタイム・マシンであると共にイニシエーションの場でもある、と了解しています。これらの間の関係を教えてください。

内なる声：人生そのものがイニシエーションであり、個々の考えや行為はイニシエーションの一部なのです。かつて人は『大いなる一つ』を熟知していました。すべての思考は一つ、すべての行為も一つでした。その後、思考が個別化して無数の考えが生まれましたが、思考の全体性は保たれていました。それが魂の創造です。個別性や個人的人格を経験するために、これらの魂たちの一部がこの太陽系にやってきたのです。その時彼らはまだ『大いなる一つ』との繋がりを維持していました。しかし、時と共に磁気力や意思力が強まり、『大いなる一つ』や高次意識世界とのコミュニケーションが阻害されるようになって分離が引き起こされました。

彼らが『大いなる一つ』や高次意識世界と再結合するのを助けるために、イニシエーションや訓練の方法・手順が生み出されたのです。大ピラミッドはコミュニケーションの装置として使われます。それに献身できる人々は、この方法を使って彼らの魂の伴侶や『大いなる一つ』とコミュニケーションすることができるのです。

私の頭には質問が目白押しになっていましたが、繋がりが切れないように、急いで最初の質問をすることにしました。

スキャリオン：なぜこのような大きな装置になったのですか？

内なる声：装置が作動する際、ある種のガスがその内部に入っていることが必要なので、この大きさと質量が選ばれました。あなた方の三次元物質世界は、光に先行する微粒子を絶えず天上世界から引き寄せているのですが、大ピラミッドの形はアンテナの役割をして、その微粒子を集めるのです。

スキャリオン：アンテナという言葉が使われましたが、それについてさらに説明していただけませんか？

内なる声：ピラミッドのこの特定の形は、それが位置している緯度とともに、レンズの役割を果たします。光学的なレンズではないのですが、高次意識の世界とのコミュニケーションに必要な光線を集束させるのです。

スキャリオン：内部に入っているガスについて説明してください。

内なる声：この装置の特定部分の石塊は密封用の接着剤を使って組み付けられていますので、部屋や通路を気密状態にすることができます。使われるガスは、地球の深部から収集された気体と元素変換によって創り出された気体を混合したものです。ここで用いられている原理はレーザーと似ていますが、当時存在した条件に基づき、異なる方法で開発されました。

スキャリオン：このガスは不可視ですか？

内なる声：活性状態の時は緑色ですが、それ以外の場合は不可視です。

スキャリオン：このガスは現在私たちの世界に存在しますか？

内なる声：あなた方の世界で磁気のヴォルテックス（渦）が活性状態になるときがあります。その時だけこのガスが存在できるのです。これらのヴォルテックスは将来発見されるかもしれません。

スキャリオン：活性状態の意味を教えてください。

内なる声：太陽周期における変わり目（磁極のズレが起きる過渡期）のことです。現時点では6月と12月です。

スキャリオン：大ピラミッドにはさまざまな通路がありますが、それらの目的は何でしょうか？

内なる声：多目的であり、保守点検のためのトンネルや、星々を観測するためのチューブ、あるいは、特定の部屋に大量のガスを供給するための経路として使われました。

スキャリオン：上昇通路や下降通路に至る『正面入口』の目的は？

内なる声：正面入口はまだ見つかっていません。それは基礎土台のずっと下、ピラミッドの中心に近い所にあります。そこから通路がピラミッドの頂上や、スフィンクス、および他の建造物に向かって伸びています。現在正面入口と考えられているものは、建造当時、この装置の部品の一つとして使われていました。

あの時代、『開き戸』が開口部に設置されていました。ある運転モードの際はガスを放出するための安全バルブとして機能し、別の運転モードのときは、レバーによって開いた状態に置かれて特定の星の観測や追跡を可能にしました。これによって特定の星（現時点では北極星）に対する地球の正確な位置が計測されたのです。このような特定の星と地球が整列状態にあるとき、開口部から入ったその星からの光が、下降通路に沿って設置された装置の上に差すのです。

スキャリオン：もしも入口が基礎土台の下にあるのなら、どうやって王妃の間や王の間（玄室）へ行くのですか？

内なる声：これらは装置全体の一部として調和的に調整された部屋なので、それらの部屋に入る必要はなかったのです。しかし、石の階段を通ってピラミッドの頂上（すなわち冠石）に行くことは可能でしたし、同様に、基礎土台から数百メートル下にある下側の制御室に行くこともできました。

スキャリオン：ということは、冠石が存在したのですね？

内なる声：はい、それはあの時代の金属で作られ、中は空洞でした。

スキャリオン：私たちが知っている王の間（玄室）・王妃の間・ピット（地下室）以外の部屋が、基礎土台より上側に存在しますか？

内なる声：はい、七つの部屋が基部土台の上側にあります。

スキャリオン：王妃の部屋で発見されたシャフトの目的は何でしょうか？

内なる声：これらはその場所の構造体（王妃の間）の内部にあるガスの状態を監視・制御するためのものです。

スキャリオン：大回廊の目的は何でしょうか？

内なる声：これは大ピラミッドの同調回路に相当します。その長さ方向に沿って、上側と下側および左右両側に軌道が設置されており、同調装置を格納した台車がそれらの軌道に沿って動きます。また台車には生き物をかたどった像が乗っていました。その生き物は部分的に鳥および獣であり、爪で大きな水晶をつかんでいました。その生き物の翼の先端は大回廊の天井に達し、上側の軌道に接触していたのです。

この台車は、電磁誘導に基づく動力により大回廊を上がったり下がったりしました。どの部屋を選ぶかによって異なる結果が生じるのですが、適切な同調がなされた場合は、大ピラミッド内部の時空の構造が変化してポータルが開くのです。

霊的な方法に基づくイニシエーション

ヴィジョンが次々とやって来て私の心の中のスクリーンを埋め尽くしました。そして頭がガンガンと鼓動し続けたため私は「自分が今経験していることがあまりにも圧倒的すぎる」と考えました。そのとき私が最初に思ったことは、今起きている物事に対する制御を何らかの外部の力に引き渡すというものでした。しかし、私の内なる声は、穏やかではありましたが断定的に答えました。

内なる声：ほとんどいつもあなたは、内なる世界との繋がりが本物であることを知っています。これからは、あなたの意識をさらに押し出して、その経験が内なるものであると認識しなければなりません。誤解しないでください。これは『他の霊的な形態が助けにならない、あるいは、このような場合には存在していない』ということを意味しているのではないのです。むしろそれはイニシエーションの助けとなる指針として現れるのであり、それを成就させるために生じるのではありません。内なる自分を受け入れれば受け入れるほど進歩が大きくなるのです。

そして、そうです。そのためには何らかの代償を払わねばなりません。しかし、払うべき代償とは一体何なのでしょうか？　それは自尊心や自負心である、と私たちは示唆します。代償なしに得られるものは何もありません。無難さなどというものは幻想に過ぎないのです。

数回深く息を吸ってから私は考えました。自分はこれを承知している。であれば、なぜヴィジョンを問題にしてそれに抵抗するのか？おぼろげながらも私は理解したと思いました。「それはイニシエーションの一部なのだ」と。心が和らいだので私は、大ピラミッドに関する質問を続けることにしました。

スキャリオン：誰が何に基づいて部屋を選ぶのですか？

内なる声：神官の助けを得てイニシエイトが選びます。

スキャリオン：もう少し詳しく説明してください。

内なる声：まず、イニシエーションについて説明するのがよろしいでしょう。以前述べたように、人生すべてがイニシエーションです。一つ一つの経験、行動、行為（とりわけ思考）がイニシエーションの一部なのです。

さらにまた、イニシエーションはその実体（魂）が霊性を開発する機会でもあります。その魂が自己啓発を選択し、大いなる光に向かって進むことを決意すると、魂と肉体は、上昇の妨げとなる付着物を霊の組織から取り除くために、その振動数を変化させるのです。

生来盲目の人の視力回復過程が、この場合の良い例えになるでしょう。手術あるいは障害の除去により、視力がゆっくりと回復していきます。まず初めに光が感知されます。対象物の詳細や意義・目的はまだ分かりませんが、それでもなお、それは新たな経験です。徐々に影が見えてきて、それがまた新たな経験となります。影が視野から消え、それに代わって対象物の形や詳細が見えてきます。個々の新たな視覚経験に基づき、認識のレベルが少しずつ変わっていきます。最後に、対象物の形に色が付いて他の感覚と基本相互作用が生じ、その人にとって全く新しい世界が開けるのです。イニシエーションも大体において同じように推移します。

さて、イニシエーションの過程についてお話します。個々の魂はこの世に誕生したとき既に、過去世あるいは来世に起因する、あるレベルのイニシエーションを経験しています。堕落した魂でさえも、あるレベルのイニシエーションの状態にあるのです。イニシエーションは、大いなる光への上昇あるいは暗黒への下降――これらうちのどちらかなのです。

スキャリオン：二つの既知の通路――上昇通路と下降通路――はイニシエーションに関連していますか？

内なる声：下降通路は退行、上昇通路は『記録の間』への上昇と『王の間（玄室）』における最終イニシエーションに関連しています。

スキャリオン：これらの通路には聖書の預言を証拠立てるものが内包されている、と推測している本がありますが、これは正しいでしょうか？

内なる声：部分的には正しいと言えます。各通路には対照年表が内包されており、人が最初に地球に現れて以降の全ての主要な宗教活動の日付が示されています。この対照年表は王の間（玄室）の入口で終わっており、それが１９５３年になっています。

スキャリオン：なぜ１９５３年なのですか？

内なる声：それは『選択の期間』を示しています。人類が１９５３年から１９９８年の間にどのような選択をするかによって、次の文明（あるいは根幹人種）がどのように発展・

進歩するのかが決まるのです。

スキャリオン：対照年表はどこか別の位置で再び始まっていますか？

内なる声：どちらかと言えば、それは道を指し示しています。

スキャリオン：どこへの道ですか？

内なる声：墓です。

スキャリオン：それは空の石棺のことですか？

内なる声：そうです。これは形式の上では幾分象徴的ですが、全体の装置の一部でもあるのです。

スキャリオン：それは何を象徴しているのですか？

内なる声：最終試験、すなわち、三次元物質世界から高次元意識世界への移行および物質世界への戻りです。これは生命の連続性を意味します。

スキャリオン：全体の装置の一部としての石棺はどのように機能するのですか？

内なる声：石棺は、七番目のイニシエーションに必要な周波数に同調する共鳴装置です。それは王の間（玄室）にある付加的な仕組みと連動して機能しました。王の間の天井のように見える部分は、いくつか存在する同調回路の一つなのです。

大ピラミッドによって集められた宇宙の諸力（フォース）は捕捉・収束されたあと、この石組みを通って空の石棺の中に注入されます。これらの周波数およびイニシエイト自身が、『記録の間』にある水晶によって創り出された他のフォースと連動して、七番目のイニシエーション（すなわち他の世界への旅）のためのテストを可能にするのです。

スキャリオン：つまり石棺だけではパワーを発揮しない。そういうことですか？

内なる声：七番目のレベルのイニシエーションに臨めるイニシエイトのもとであれば、石棺は現在でも大きなパワーを発揮します。

スキャリオン：他にもこのような装置が地球上に存在しますか？

内なる声：最も良く記憶されていて今なお保存されているものは『契約の箱』として知られています。

契約の箱への好奇心は極めて強かったのですが、にもかかわらず私は、イニシエーションという主題に留まることによってこの機会をより良く活用することに決めました。それと同時に、契約の箱やそれに関連する他の分野のいくつかについて学べる機会が、いつの日か得られることを切に願いました。

スキャリオン：イニシエイトが物理的に部屋に居ないのに、どうして他の世界への旅が可能になるのですか？

内なる声：それは霊的な力に依ります。イニシエーションの手順とこの装置の仕組みについて、さらに詳しくご説明しましょう。イニシエーションは霊的な方法に基づくのですが、一方それは物理的な法則に従って起きます。しかし、それを経験するのは脳であり、究極的には心なのです。

大ピラミッド基礎土台の上側に存在する七つの部屋がイニシエーションの個々のレベルに対応します。さらに、ギザ台地を深く切削することにより下側にも七つの部屋が造られました。基礎土台およびその下側にあるメカニズムを建造するのに20年もの期間が必要でした。大ピラミッドの外側に取り付けられていた化粧石の一部は、基礎土台の下側の岩石から切り取られました。

基礎土台の下側にある部屋や制御室、通路は、上側にある部屋や制御室、通路と鏡像を成しています。また、下側の各部屋は上側の各部屋と完全に調和的な関係にあり、振動波によって結ばれています。『時間の外にある』というのが正確な定義でしょう。七つの波と14の部屋（上側に七つ、下側に七つ）が、全体の仕組みを構成し、各々が大回廊のメカニズムを通じて同調されるのです。

イニシエーションの開始時、テストの準備ができているイニシエイトが適切に選ばれた下側の部屋に入ります。そして、全てのレベルのイニシエーションを完全に習得した神官が、霊的にイニシエイトに加わります。彼らが内的世界の旅をするとき、神官が指導者・守護者の役割を果たします。

スキャリオン：イニシエーションが成功したかどうかは何によって決まるのですか？

内なる声：内的世界への旅そのものによって決まります。というのは、もしもイニシエイトが経験すべきイニシエーションのレベルに同調できていなければ、神官と一緒に旅することができないからです。再度言いますが、装置はイニシエーションの枠組み・仕組みを提供するだけであり、それを経験させるわけではないのです。イニシエーションが成功したかどうかを決めるのは振動数なのです。なぜなら、どのレベルのイニシエーションなのか、どの世界・どの宇宙への旅なのかに関係なく、すべてが振動に基づいているからです。

スキャリオン：神官と一緒に旅するイニシエイトの目的地について説明してください。

内なる声：地球は全部で八つの世界から構成されています。振動数の異なる地球が八つ重なり合って存在している、と考えても良いでしょう。八番目の世界は他の七つの世界を全て合わせたものであり、宇宙意識と呼ばれています。また、各々の世界におけるイニシエーションは、さらに七つに細分化されています。アストラル界とも呼ばれている二番目の世界には他界した家族が居るかもしれません。

スキャリオン：つまり、イニシエーションは死の準備に直接関連しているのですか？

内なる声：どちらとも言えません。人はイニシエーションによって魂の完成へ向かう準備をすることができます。現在のところ、すべての魂は容易に三次元物質世界の地球に生まれ、死によって肉体を去り、再度地球に転生することができます。

スキャリオン：『現在のところ』ですか？

内なる声：１９９８年以降、地球に大変動が起きることになっていますが、その大変動の後、三次元物質世界の地球および内なる地球の振動数が変化します。これはイニシエーションの手順を変えるためであり、アストラル界では既に始まっています。現時点では、すべての実体が簡単に地球に入ってくることができます。

しかし次の千年間は、霊的振動数が新たな地球の振動数に一致する実体だけが、地球への転生を選択することにより、地球に入れるようになるのです。このようにして、予言された『平和の千年紀』がもたらされます。

スキャリオン：そのような新たなレベルに達しなかった実体はどうなるのですか？

内なる声：彼らは自分たちの魂の振動数に酷似する世界に移行します。これらのレベルの世界に住む実体たちの数は今後急増するでしょう。その上、いくつかのレベルが消失し、他のレベルが互いに合体し合います。その結果、新たなイニシエーションの方法が生み出され、同様に霊性開発のレベルも必要に応じて変わります。

スキャリオン：イニシエーションのレベルの数も減りますか？

内なる声：それは14に増えるでしょう。

その時点で、私スキャリオンの頭の中にガンガンした感じが戻ってきて、このコミュニケーションのヴィジョンの部分が失われつつあることが分かりました。高次意識との繋がりが切れることを実感し、私は最後の質問を頭の中に浮かべました。

スキャリオン：どうやったらこのような種類のコミュニケーションを完全な覚醒状態で再び経験できますか？

永遠に続くように感じられた沈黙の時間のあと、極めて短い返事がありました。

内なる声：すべては振動なのです。

記録の間

エジプトを離れる前、私は高次意識と最後のコミュニケーションを行うことができました。それは『記録の間』に関するものでした。

スキャリオン：これらの建造物の目的を示す記録が保管されている場所が、ギザ台地のどこかにありますか？

内なる声：そのような記録は、一つではなく沢山の神殿に保管されています。スフィンクス下部の部屋で、計画や目的を記した記録が見つかるかもしれません。守護者であるスフィンクスの前の地下には『記録の間』があり、あの時代の世界における全ての知識やデータが詳細な記録として保管されています。

ほとんどの研究者は一つだけの建造物を『記録の間』として探していますが、これについて理解すべき点は「地上・地下両方の場所に数多くの記録が保管されている」という事実です。

スキャリオン：どうすればそのような神殿が見つかりますか？

内なる声：今年（１９９５年）内なる世界の次元が変化することになっていますが、記録の神殿はそれが起きたあとに発見されるでしょう。大ピラミッド南壁の中心からスフィンクスの後足二本の中心へ引かれた線に沿って、その東側と西側に見つかるでしょう。

スキャリオン：『記録の間』についてはどうですか？

内なる声：『記録の間』に行くには、まず、イシス神殿の西側すなわちスフィンクス右前足の地上に出ている部分の下にある入口から入ります。その場所はスフィンクスの建造後何年も経過してから封鎖されましたが、その時外箱が付加されました。その下にある入口から中に入るには、外箱の積み重ね部分を取り除く必要があります。

入口からは通路が、スフィンクスおよび他の神殿に至る経路を通って下に長く伸びています。この通路はスフィンクスを通過するのです。特にこの点に留意してください。その後東に向きを変えてさらに進むと、地下の建造物複合体と『記録の間』を守るために残された3体の守護者のうちの一つに至るでしょう。『記録の間』はそれ自体が一つのピラミッドなのですが、記録のデータはスフィンクスの左後足で見つかるでしょう。しかし、それは単に道案内をするだけなのです。

スキャリオン：『記録の間』の目的は何でしょうか？

内なる声：あの時代までの世界の歴史を、未来の歴史のためのタイム・カプセルとして保存することです。

スキャリオン：『記録の間』には私たちの時代のための予言が入っていますか？

内なる声：それは『記録の間』と大ピラミッド両方に入っています。

スキャリオン：どんな形で記録されていますか？

内なる声：『記録の間』における記録は、当時の金属がはめ込まれたエメラルド・タブレット（エメラルド石の平板）に象形文字で刻印されています。大ピラミッドにおいては建造物そのものに予言が入っています。また、地球が特別の地球物理学上の位置に座する時や大ピラミッドが重要な星々と特別の整列状態になる時に成就する予言も入っています。それらは、最初の根幹人種の時代（太古の時代）から新たな根幹人種が登場する時（１９９８年～２００１年）までの予言です。

エメラルド・タブレット

『記録の間』を封印する直前（今から1万2000年ほど前）に、20世紀・21世紀に関する予言が2人の超人によって付加されました。それは『記録の間』とそこに保管されている記録を発見すると思われる人々に指針を与えるためでした。彼らの直感力は芸術の域にまで極めて高度に開発されていましたので、彼らは過去と未来のみならず代替現実の世界にも精通していたのです。一人はダルの国の神官ラータであり、もう一人はアトランティスの『神の化身』ヘルメスでした。

大ピラミッドの助けにより、これら二人の導師は彼ら自身の卓越した能力さえも超えて、現行の根幹人種の最後の時代である20世紀・21世紀を、はっきりと見通すことができました。今からおおよそ220万年前に起源を持つ私たちは、次の根幹人種の先駆けとなる『青い光線の子供たち』の親なのです。

私スキャリオンは、エメラルド・タブレットに記された記録の意味を下記のように理解しました。

タブレットⅠ：この時代における我々の仕事は完了した。間もなく自然の諸力（フォース）が解き放たれて猛威を振るい、地球は大洪水によって浄化される。

タブレットⅡ：『記録の間』は、次の千年紀が来る前に海水によっておおわれるが、すべての自然力の保護により、その洪水および今から４５００年後にやって来るその次の洪水をも乗り切って存続する。

タブレットⅢ：今から１万２０００年後、『記録の間』が開かれ新たな根幹人種が出現する。ここに収められた記録は、光の千年紀の子供たちのためのものである。

タブレットⅣ：地球に大変動が生じ、新たな時代への人類の再生の先触れをするが、あらゆる人々がその時期を知ることができるように、それに至る日々は動揺と大混乱に満ち満ちるであろう。地球はあちこちで火を噴き、星々はその位置を変えるであろう。

タブレットⅤ：新たなサイクルの始まりが明らかになるであろう。我々があなた方に残したもの――あなた方の準備の助けとなるような探知の道具――を見つけなさい。それは、ポール・シフトの始まる時を、あなた方の北極星に関連して、数回の太陽周期内で決定づけるためのものである。

タブレットⅥ：あなた方の北極星からの光が、ギザの大ピラミッドの観測用ドアから下降通路を通って水銀収集装置の上に射す時が来る。その後新たな星が北極星になるが、それまでに残された時間が少ないことを、その時あなた方は知るであろう。

タブレットⅦ：シリウスが天にある他のどの星よりも明るく輝き、火星が真っ赤になってその軌道から外れるときが来る。その時、地球の中心の北極星に対する整列状態が変化する。

タブレットⅧ：我々があなた方に残した星図を研究しなさい。地球は星々によって統治されている。それらの軌道を知れば、そのサイクルや光が準備をする助けとなる。

タブレットⅨ：人類の霊性の向上に献身してきた者たちと共に、我々は戻ってくる。その時までずっと泣き叫んでいるであろうあなた方の世界に、彼らが希望をもたらすのを助けるためである。太陽が休息し、我々の光が雲間から射すとき、その時が分かるであろう。

タブレットX：一つだけだった太陽が、新たな根幹人種のために二つになる。一つは人類の心を統治し、もう一つは魂のグループを統治する。一つは黄色、もう一つは青色である。

現代は真に祝福された時代

このような次第で、エジプトにおける私の夢の旅は終わったのですが、それ以来、夢において真に尋ねたかった100個の質問のことをずっと考え続けました。しかし結局のところ私は、あの状況においては最善を尽くしたと思います。

エジプトから帰ったあと、刻苦勉励して私自身のイニシエーションに取り組みました。そして、幸運にも、私自身の高次意識を訪ねることにより、さらに数回、夢における旅をすることができました。その際は、常に新たなテーマに基づく探求を試みました。興味深いことに、テーマや旅の時期は、私が意識的に選んだものではありません。私が経験するヴィジョンと同様に、それらは不規則的に起こり続けたのです。

あたかも「他の人々と共有できる新たな情報を引き出す」という明確な必要性を満たすために、高次意識との繫がりが実現したように思われます。

「私たち各々は私たち自身がもつ信頼・信念の度合いによってのみ制限を受ける」ということを、私は夢の旅から学びました。もしも私たちがいとわずに思い切ってやってみるならば、まさに驚くほどのものが得られるのです。

それゆえ、イニシエーションの手順に入るとき「それに取り組めるようになるまでに、どうしてこんなに長い準備期間がかかってしまったのだろうか？」と不思議に思うかもしれません。高次意識とのコミュニケーションの際にこの質問をしたところ、左記の返答がありました。

内なる声：人生において、いつイニシエーションに取り組み始めるか――それは問題ではありません。それを始めることこそが重要なのです。毎日の日の出から日没までが新たなイニシエーションです。毎日新たな機会が与えられます。

地球の人々全てにとって、意識におけるこのような大きな進歩が可能となる機会が与えられる時代は、人類が最初に地球に誕生して以来、決してありませんでした。１９５３年以降地球は、以前には決して経験しなかったほどの高い速度で振動しています。１９９５年から２００１年までの期間に、地球の振動力は二倍になります。高いレベルのイニシエーションに基づく活動をするのに、これまでは１００回以上の転生が必要だったのですが、現在ではそれが、たった一回の転生において可能になります。

あなた方の時代は真に祝福された時代なのです。

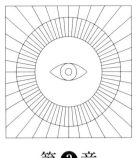

第❸章

地球外からの訪問者

【解説】極めて重要、かつ斬新な情報

第2章『大ピラミッドと記録の間の秘密』において、近い将来二つ目の太陽になる"Blue Star（青い星）"が現れること、および、地球が全部で八つの世界から構成されていることが述べられました。

一つ目のテーマについては『近未来予測編』の第3章にて詳述されます。そこで、本章では二つ目のテーマに関する詳しい情報をご提供します。

この情報は、スキャリオン氏のソース（高次元における情報の源）とのセッション、および、スキャリオン氏がエーテリアン（地球の第五次元世界に住んでいる知的生命体）と交わした対話に基づいています。

これらの情報源から提供された情報は、これまで誰も提示していなかった斬新な情報を含む、極めて重要なものとなっていますので、ぜひじっくりとお楽しみください。

星々の生命体

私は1982年以降、次のような情報を受け取り続けていました。それは「私たち人類はこの広大無辺の宇宙における孤独の存在ではない」ということを示す『しるし』が現れるというものです。そして1987年からは、ミステリー・サークルに関する特定の情報が入ってくるようになりました。

当時私は、助言を求める相談者とのセッション（面談）を行っていましたが、その際、地球外生命体に関する質問への回答を繰り返し求められました。さらに正確に言えば、私のソースが再三にわたりそのような依頼を受けたのです。

「他の世界の異星人が地球に来ていますか？」「彼らはタイム・トラベラー（時間旅行者）なのですか？」「良い異星人と悪い異星人がいるのですか？」「異星人による誘拐事件は本当なのですか？」「ミステリー・サークルや他の説明のつかない現象の謎を解明してくれませんか？」

このように、助言を求める相談者からの質問は多岐にわたりました。

これは私自身が個人的に興味を持っているテーマではありませんでした。とりわけ初期の頃はそうだったのです。その当時私は、自分の頭の中で起きていることに対処するのに精一杯でした。まして外部宇宙での出来事などはなおさらだったのです。しかし結局のところ、私の導師からの情報や直接体験によって得られた情報により、このテーマには私が最初の頃に考えていた以上の意味がある、という確信を得るに至りました。

　地球外生命体に関する質問があまりにも頻繁に出てきたため、１９９３年、とうとう私はこの特定のトピックについてソースとセッションを行うことに決めました。それは、私の配偶者兼仕事上のパートナーであるシンシア・キースからの質問に私のソースが答える、という形式で実施されました。

シンシア・キース（以下キース）：以前あなたは、「地球に大激変が起きる前、星々からのメッセンジャー（使者）が警告を与えるために来訪した」と述べました。またあなたは彼らの宇宙船の着陸をも予見しました。これら２つの出来事の間には何らかの結びつきがありますか？

ソース：地球の変動が起きる日時と場所を予測する文書を携えて異星人が宇宙船から降りてくる、というふうには考えないでください。彼らからのコミュニケーションはテレパシーに基づいています。ですから、今後それが起きるということではありません。むしろそれは、これまで長年に渡ってなされてきたのです。

また、このような星々からのメッセンジャーと、異星人による誘拐事件やUFOの目撃現象を混同して考えないでください。これらのメッセンジャーは大部分プレアデスおよびシリウスから来ています。彼らは物質的形態をとることも可能ですが、必ずしもそうではありません。彼らの姿形は思考によって決まるのです。光として現れることもできますし、肉体を伴って顕現することも可能です。あるいは、内なる世界からテレパシーを使ってメッセージを伝える、ということもあるのです。彼らはメッセンジャーとして、受け入れ可能な状態にある人々にテレパシー波動を送ってきます。

キース：そのようなコンタクト（接触）は誰が決めるのでしょうか？　あるいは何によって決まるのでしょうか？

ソース：魂です。

キース：それはコンタクトを受ける人の魂ですか？

ソース：そうです。各々の魂は、人間の形態に基づく人生あるいは物質的な形態を持たない生涯を送ります。後者の場合は、太陽系の他の惑星や月、太陽、あるいは他の次元世界における人生です。これに加えて太陽系には内的存在の世界を構成する母体があり、八つの世界が存在するのです。

肉体が死を迎えると、次に地球に戻る前に、その実体はこれらの世界を通り抜けるか、あるいは、そのどれかに留まります。地球外生命体と呼ばれる存在とのつながりは、これらの世界での過去の経験に基づいて生じるのです。

キース：つまり、コンタクトはまず内なる世界において行われ、その後テレパシー的に受け入れ可能な状態にある人々に対してなされるのですね？

ソース：そうです。

キース：このようなコンタクトはどのくらい前からなされてきたのですか？

ソース：地球に対しては数百万年前から行われています。太古の大戦争の時代、モーゼやイエス、ゾロアスター等の偉大なる導師の時代においてもなされました。これらは歴史として記録されています。神話に記されているコンタクトは、最後の大洪水や部分的な極移動の直前、すなわち約７５００年前に行われました。また、それ以前、1万１６００年前のアトランティス時代にも為されています。

キース：他の時代にも星々からのメッセンジャーは地球に来ていますか？

ソース：人類が一つの時代から次の時代へ移行するのを助けるために、彼らは地球を訪れていました。

キース：魚座の時代から水瓶座の時代への移行——そのような時ですね？

ソース：そうです。それは現在進行中のことです。しかし、そのような移行時期全てにおいて地球の変動が生じるわけではありません。しばしばそれらは意識の変化を伴います。

キース：異なる星々から多くの訪問者があった、とあなたは述べました。私たちの太陽系の他の惑星にも生命が存在するのですか？

ソース：物質的存在ではありません。

キース：どのような形態なのですか？

ソース：スピリット（霊）の形態です。魂は特定の教訓や経験を得るために特定の惑星を選べるのです。たとえば火星には、対立・衝突に対処する方法を魂が学び努力することができるように、2つのレベルの意識が存在します。

キース：火星にはかつて生命が存在した、魂はそれらの人生を思い出してあらためて経験するために火星に一時的に滞在する——あなたはそう言っているのですか？

ソース：はい。火星にはかつて爬虫類的人間形態の物質的生命体が存在しました。それは初期の魂集団の一部が物質形態に基づく実験をするためだったのです。

キース：神話において火星は、赤い星・戦争の星として知られています。火星は地球の変動のような惑星レベルの破壊によって最終的な崩壊に至ったのでしょうか？

ソース：部分的にはそうです。火星において大戦争が起き、その結果火山の噴火や地震が引き起されたのです。その両方によって火星表面は全面的に破壊されました。

キース：そのような戦争や地質学的変動から生き残った人々がいましたか？

ソース：惑星を脱出できた人々は生き残ることができました。

キース：彼らはどこへ行ったのですか？

ソース：地球です。

キース：地球へのメッセンジャーは他の星からも来ていますか？

ソース：来ていますが、彼らの進化のレベルは様々に異なっています。シリウス星系およびプレアデス星系からの来訪者は高度に進化した魂であり、数多くの星々は彼らを神として認識しています。他の星系からの訪問者はそれほど進化しておらず、全体の一部しか理解・把握していません。彼らの経験は限定的なのです。

キース：あなたがお話しになった内的存在の世界についてはどうなのでしょう？　その存在レベルからもメッセンジャーは来ていますか？

ソース：はい。目撃されるＵＦＯのほとんどはそのような世界から来ています。

キース：もっと詳しく説明してください。

ソース：地球は八つの異なる次元世界から構成されています。それぞれの次元は別の地球のようであり、次元が上がるにつれて密度が希薄になっていきます。二番目の次元はスピリット（霊）の世界であり、透視能力者であれば見ることができます。

五番目の次元にはエーテリアンが住んでいます。彼らは魂の経験という面で、地球における個々の転生の間の期間に大いなる進化を遂げたため、それらの経験に基づき、他の魂がさまざまな次元世界を通り抜けるのを助けることができるのです。『ガイド（導き手）』というのが彼らに対する適切な呼び名でしょう。しかし、すべての導き手がこの次元世界から来ているわけではありません。

五番目の次元は精神が物質を凌駕する世界です。魂の集合体の考えることが現実になるのです。振動のレベルは異なりますが、地球にテクノロジーがあるように、この次元にもテクノロジーが存在します。彼らの見方や視点に基づくと、物理的実在性は地球における現実と全く変わりません。私たちは彼らの宇宙船をＵＦＯとして目撃しますが、時間の窓が的確であれば、それは次元の間を通過し、三次元物質世界の地球に入った時に目に見える形になるのです。目撃されたＵＦＯの色・大きさや形が変わったり、姿が消えたりするのはこのためです。彼らは三次元の地球には長い時間滞在できません。もしも滞在時間が長くなると、三次元物質世界の法則に支配されて消滅してしまうのです。

キース：なぜエーテリアンは地球に来るのですか？

ソース：彼らの来訪の目的は、他の次元における生命体の意識を高めることです。地球の変動が近づくにつれて、数多くのエーテリアンが三次元物質世界の地球を訪れるようになりました。これは来るべき大いなる覚醒の一環なのです。

キース：英国や他の地域で見られるミステリー・サークルは五番目の次元が元なのですか？

ソース：部分的にはそうです。プレアデスやシリウスからのメッセンジャーが三次元物質世界の地球に入るためには、地球の各次元を通り抜けねばなりません。彼らは肉体を持っていませんので、それをするためにはエーテリアンとの協力が必要なのです。ミステリー・サークルは彼らの共同作業の結果です。

キース：ミステリー・サークルはどのようにして創られるのですか？

ソース：一部は偽物ですが、ほとんどのサークルは、高電荷を帯びた光球によって創られます。それらは、強力な重力波や電磁波を放射できて、さらに時間を曲げるレベルにまで圧縮されます。その光球がレコード・プレーヤーの針のように動いてメッセージを描くのです。

キース：メッセージを、ですか？

ソース：それらのメッセージは「あなた方は孤独ではありません」、「私たちは常にここにいます」、あるいは「時間の門は今開いています」等々です。メッセージはシンボルから成っていて、シンボルの各々は高次の心の言語に基づいています。その言語は地球上のすべての人々に知られているものなので、高次の意識状態であれば、誰でもそのメッセージを受け取ることができます。地球の大変動が迫ってきています。それゆえ、今後メッセンジャーたちは人類とのコンタクトの頻度を上げるでしょうし、その結果、穀物畑に残されるメッセージの数も増えるでしょう。間もなく彼らのメッセージは、雲・岩等の自然の造形物、あるいは新生児の生れつきのあざとしても現れ始めるでしょう。

引き続きメッセンジャーたちは、私たち人類が来るべき地球の変動に気づき、その意識を高めるのを助けます。その変動は地球物理的な面だけでなく霊性の面においても起きるでしょう。ここで覚えておくべき重要な点は、死というものは無いということです。肉体は消滅しますが、魂は永続するのです。

ミステリー・サークルとエーテリアン

次に私は、他の世界からの訪問者についてのさらなる情報を得るため、ミステリー・サークルという特異な現象を探求することになりました。私の直感は「地球外生命体が間違いなくそれに関わっている」というものでしたが、私はソースから提供された以上の情報を望んでいました。

これはしばしば起きることなのですが、特別の出来事が生じたその場所に私自身が行けば、その場所の過去の歴史や未来の趨勢《すうせい》について直感的な識見や洞察が得られるのです。そこで私は、自分自身がミステリー・サークルを見に行くことにより、可能な限りその現象を解明することに決めました。

私自身の心の中の世界は別として「自分が今までにＵＦＯを見たことがある」あるいは「ＵＦＯとの近接遭遇を経験した」とは断言できません。しかし、ミステリー・サークルとの出会いは全く別の出来事でした。地球表面に描かれた巨大なサインとみなされるミステリー・サークルは、何らかの知的生命体が人類という種族とのコミュニケーションを試みている証拠ではないか？　――これは実に意義深い着想だと思われます。

実のところ、それに対する思い入れがあまりにも強かったため、私は家族と一緒に英国に行くことを決心したのですが、その目的は、自分自身でミステリー・サークルを見て、どのような新たな情報が直感的に得られるのかを確認することだったのです。この旅は１９９３年に実施されました。

私たちの目的地はそれ以前にミステリー・サークルが現れた場所、エイヴベリーとストーンヘンジ地域でした。私たちの滞在中に新たなサークルは出現しませんでしたが、私たちがそこから去って間もなく、いくつかのサークルが姿を現しました。あるものはまさに驚くべきデザインに基づいており、互いに何百キロメートルも離れているにもかかわらず、同じ日の夜に創られたのです。またあるものは、同じ夜の間に他の国に現れました。私は冗談半分に「いたずら者たちは、間違いなくあちこち動き回っていたね」とシンシアに言いました。

アルトン・バーンズはエイヴベリーからそれほど離れていない場所ですが、私たちがそこで目にしたものは、今年の新しい穀物畑に現れたものであり、一見畑の中の影のように見えました。今年新たに耕されて再び種がまかれたのですが、そのサークルは前年そこに出現したものと同じ複雑なデザインだったのです。この事実は極めて重要だと思いました。どういうわけか、昨年のサークルのパターンが土壌に刻印されていたのです。これは

「おふざけ者たちが夜間畑に出て、簡単な道具を使って麦等を平らに押しつぶしてサークルを形成する」という説とは、とうてい結び付きません。何らかのより大きな力が働いた、と考えざるを得ませんでした。

確かに私には、数多くの異なる意識レベルの存在からコミュニケーションがありました。そのほとんどは、私の潜在意識を経由して顕在意識にもたらされたヴィジョンとして伝えられます。しかし時たま、他の知的生命体との直接的なコミュニケーションも生じるのです。

ミステリー・サークルのさらなる探求のために英国に滞在していたとき、私はこの第二の種類のコミュニケーションを経験しました。それは『エーテリアン』と名乗るグループからの一連のコンタクトの最初のものでした。私は既にその時、自分の目でミステリー・サークルを確認しており、それらについての質問を沢山抱えていたのですが、彼らはそれらの質問に対し的確に答えてくれたのです。

スキャリオン：あなた方はどの星系から来たのですか？

エーテリアン：地球からです。

スキャリオン：別の時空や次元のことですか？

エーテリアン：振動というのがより正確な言い方でしょう。私たちの世界は地球世界の5番目の次元に相当します。振動によって分離されたパラレル・ワールド（並行世界）にスピリット（霊）が住んでいると同様に、私たちは第五次元の世界に居るのです。振動だけが私たちをあなた方の世界から隔てるのです。

たとえて言えば、それは肉眼で血の一滴を見るようなものです。その同じ一滴を拡大すると、肉眼では不可視の細胞の世界を見ることができます。さらに拡大し続けると、究極的には、光学システムではもはやそれ以上の拡大ができない限界点に達します。

しかし、電子を使うことにより、さらに拡大・凝縮が可能となり別の振動世界を見られるようになります。そのレベルでは、あなた方がご存知の時間は曲げられて過去・現在・未来の区別がなくなり、それらを一体化したものだけになるのです。

スキャリオン：あなた方とのコミュニケーションはどのようにして可能になったのですか？

エーテリアン：私たちは意識体だけから成っているので、特定の姿形はありません。化学的・電気的にマトリックス（基盤）を確立し、心が脳を介して私たちの振動に同調できるようにする――人間の脳にはそのような潜在的可能性があるのです。夢見の状態においてもこのような繋がりが可能になります。私たちエーテリアンは直接あなたの心にコンタクトしているのです。

スキャリオン：なぜあなた方は私とコンタクトすることにしたのですか？

エーテリアン：あなたはこのようなコンタクトを直ちに受け入れて、それに耳を傾けてくれるからです。

スキャリオン：あなた方の世界についてもっと話してくれませんか？それは私たちの世界と異なりますか？

エーテリアン：すべての次元はそれぞれ自身の世界です。あなた方の物質世界とは異なり、霊性面で進化した魂から構成されています。ここ第五次元にいる私たちはこの世界を通過するだけなのです。いつかあなた方も第五次元を通り抜けて行くことでしょう。時間の計測方法は大変異なりますが、ここでの滞在期間は経験や進化の度合いによって決まります。いったん必要とされる進化・同調が達成されれば、私たちは自由に他の次元に移行することができます。私たちはまた、太陽系内の七つの振動レベルの一つである三次元物質世界の地球に戻ることも可能です。

スキャリオン：あなた方は物質のように見える身体を持っていますか？

エーテリアン：私たちに視覚は必要ありません。それゆえ、物質的な外観は要らないのです。あなた方は、画像・映像情報を視神経に送り、さらにそのイメージを処理する脳の特定部分に伝えるための光学システムを必要とします。私たちの場合は、直接心の中で経験が生じます。つまり、心がすべての経験を処理するのです。

私たちは思考に基づく種族であり集団で活動しますが、個別の思考もまた可能です。例えて言えば、一つの部屋に七人が居て、各々が互いの考えに耳を傾けて意思疎通ができると共に個別の考えも持っているのですが、これらを全て同時に行うことができるのです。

スキャリオン：あなた方が受け取る画像・映像情報は、私たち地球人が三次元物質世界で受け取るものに似ていますか？

エーテリアン：「地球で経験する画像・映像情報は私たちの第五次元に持ち越される」という点では似ています。しかし、同じ方法では処理されません。シンボル（表象）が私たちの言語です。私たちの世界で一つのシンボルが伝える情報は、あなた方の世界では、本の一つの章全体あるいは本一冊分に相当します。

スキャリオン：あなた方の意識レベルでは世俗的な欲望は存在しない——このように考えてよろしいですか？

エーテリアン：さあどうでしょうか。私たちの答えは「魂が世俗的な欲望から解放されるように心を完成させることが私たちの目的である」という点では肯定的です。あらゆるレベルにおける進化は、すべて魂を完成させるためなのです。魂は各々の段階で、進化のための特定の機会を与えられます。なぜなら、宇宙意識に近づくことあるいはそれと一つになることが、ほとんどの魂の望みだからです。

しかし、「私たちの第五次元における一時的滞在はそれ以前の三次元地球での滞在に起因する感情的な経験を伴っている」という点では否定的なのです。これらの感情はしばしば肉体的渇望に基づく思考形態を生み出しますが、それはここでの滞在中に検討し取り組んでおく必要があるのです。既に述べたように、第五次元は集団思考の世界です。それゆえ、一つの考えが三人（グループの最小単位）のものであろうと、その倍数人数のグループのものであろうと、どのような考えも集団思考の一部になるのです。

スキャリオン：三次元地球以外の世界にもコンタクトしていますか？

エーテリアン：私たちはすべて、自分たちの世界よりも低い次元の世界とコミュニケーションすることができます。また中には他の星系の知的生命体とコンタクトできる者もいます。

スキャリオン：他のどんな世界とコンタクトをとっていますか？

エーテリアン：地球における初期の根幹人種である人々――プレアデス人とシリウス人――の世界です。

スキャリオン：地球では私以外の人々にもコンタクトしていますか？

エーテリアン：はい、私たちのメッセージを見ることができる全ての人々に対して。

スキャリオン：詳しく説明してください。

エーテリアン：私たちは心の働きに基づいて、他の次元への旅を可能にするテクノロジーを開発しました。あなた方の穀物畑に描かれたシンボルは論議の対象となっていますが、それらはプレアデス人と協力して創り出したものです。

スキャリオン：それはミステリー・サークルのことですか？

エーテリアン：はい。

スキャリオン：なぜあなた方の世界だけでなく、プレアデス人もこのコミュニケーションに係わっているのですか？

エーテリアン：この地球世界の種子はプレアデスから来たのです。彼らはあなた方の祖先であり、親なのです。彼らは愛と気遣いでもって自分たちの子供である地球の人々を見守っています。

スキャリオン：ミステリー・サークルがどのようにして創られるのかを沢山の人々が知りたがっています。

エーテリアン：一部は自分自身の霊性を受け入れがたく感じている人々によって作られていますが、大部分は本物であり、それらには可視化処理の磁気残留物が見いだされます。

シンボルを描くために、私たちの世界と三次元地球の間にマトリックスを設置します。言うなればそれは時間の窓のようなものですが――。いったんそれが確立すれば、あなた方にとって既知の元素や未知の元素を使って、私たちが望むどんなものも大気中から構築することができます。具体的に言うと、尖筆の働きをする赤色プラズマ小球を創り、メッセージを残すことのできる磁気グリッド地域にそれを発射します。

スキャリオン：サークルの形成は磁気に起因するのですか？

エーテリアン：物理的な原因はそうです。

スキャリオン：誰が創っているのですか？

エーテリアン：プレアデス星団の七番目の星から地球に来ている霊的生命体です。

スキャリオン：それはプレアデスから来ているＵＦＯのことですか？

エーテリアン：物理的に表現すると一部は宇宙船であり、円形あるいは他の形をとっています。しかし、ほとんどは磁気的に凝縮されて脈動し、球形に収束された光から創られています。この光球は知的生命体によってロボットのように制御されます。事実、光はこのような知的生命体の延長的存在なのです。

スキャリオン：光の球はどのようにしてサークルを創るのですか？

エーテリアン：知的生命体によって創られる光はあなた方のレーザー・ビームのようなものですが、それが創られると、次にメッセージを残す場所を選定します。光球はその場所の上空に浮かび、降下して円を描くように動きます。その動きは彫刻盤に似ています。彫刻盤が本人証明用ブレスレットを作るとき、罫書《けがき》針は線を刻みつけてから上昇し、位置を変えてから再び下降して線を刻みます。

スキャリオン：なぜプレアデス人はシンボルを描くのですか？

エーテリアン：彼らは自分の子供たちとのコミュニケーションを試みているのです。彼らはあなた方の祖先です。彼らの存在が認識されるように、地球の人々の意識をゆっくり開こうとしているのです。

スキャリオン：ミステリー・サークルおよびシンボルは何を意味しているのですか？

エーテリアン：サークルおよびその形はメッセージを内包する音から構成されています。肉体の聴覚機能の範囲内では聴きとれませんが、肉体を超えた微妙な体には聴こえるのです。それぞれのシンボルには特定のメッセージが含まれており、そのメッセージは北極星に関連して、シンボルの大きさや形、幅、傾き等を変えることによって創られます。

その多くは近未来に起きる変動の予言です。またそのうちのいくつかは、星々の位置やそこからのコンタクトの回数および時間帯を意味しています。これらのメッセージは全て、星々で使われている宇宙共通言語の一部なのです。内的には誰もがそのメッセージを理解できます。

スキャリオン：米国政府や他の国々の政府はこれらのコミュニケーションについて知っていますか？

エーテリアン：はい。

スキャリオン：なぜ米国政府はこの情報を隠蔽しているのですか？　また、どのくらい前から知っていたのですか？

エーテリアン：当初はパワーが目的でした。すなわち軍事的優位を確保するための新たな手段を獲得しようとしたのです。その後、宇宙船の偶発的衝突やミサイルによる撃墜の結果、いくつかの宇宙船を入手することができました。さて、ここで留意すべき重要な点は、プレアデス人だけが地球を訪れているのではない、ということです。他の星系からも多くの来訪者があり、彼らはプレアデス人とは違って物質レベルの宇宙船を使っています。

米国政府は彼らの存在を１９２０年代から知っていましたが、実際にコンタクトし始めたのは、第二次世界大戦中、米国の科学者たちが極端に高いパルスの電磁気に基づく不可視テクノロジーの研究に取り組み始めたときです。その後の１９４７年、米国政府は宇宙船だけでなく生命形態についても物的証拠を得ました（訳注：これはかの有名なロズウェル事件のことだと思われます）。

ミステリー・サークルの解読

英国への旅から帰国したとき、私は過度に『充電』されており、ミステリー・サークル現象についてさまざまの考えや情報が頭の中を駆け巡っていました。余りに沢山の質問があったため、エーテリアンとの次のコミュニケーションが待ちきれませんでした。前回のセッションで得られなかった情報を何とかして補足したかったのです。

スキャリオン：ミステリー・サークルを創るのに用いられるテクノロジーは『磁気レンズ』システムであり、それによって、特別なグリッドのある穀物畑にシンボルを描くことができる――そのような説明でした。これは古代にも為されていたのですか？

エーテリアン：はい。ストーンヘンジ、エイヴベリー等の古代遺跡は、私たちがシンボルを残した場所に建造されました。

スキャリオン：その目的は何だったのですか？

エーテリアン：あなた方の種族を覚醒させ、私たちエーテリアンの存在、私たち相互の責任、そして私たちの共通の源、すなわち神性を認識させることです。

スキャリオン：ここに1995年収穫期に形成されたミステリー・サークルの写真がいくつかあります。これには何か集合的な意味がありますか？

エーテリアン：はい。現在あなた方の世界で変化が起きつつあります。これらの変化はまず初めに、私たちの第五次元をも構成している時空連続体における歪みとして現れます。あなた方の世界ではこれらの歪みは地球の変動として顕在化するでしょう。私たちからのメッセージは、現在の地球に

ストーンヘンジ

当てはまる状況のあらましを伝えています。

スキャリオン：その変動がなぜあなた方の世界に起きているのですか？

エーテリアン：変動は、あなた方の世界で実際に起きる前に、まず私たちの第五次元に生じます。第五次元の世界はあなた方の世界の外層に相当し、各々の層は他の層の一部を成しています。あなた方の地球の振動は最も密度が高く、『アカシャ』の層が最も希薄になっています。地球の別々の絵七枚が少しずつ薄い密度になるような順番で一列に並べられている――そのように考えれば、最もわかりやすいでしょう。

スキャリオン：次元は全部でいくつあるのですか？

エーテリアン：集合意識と呼ばれているアカシャを含めて全部で八つです。

スキャリオン：これらのサークルの写真をくまなく調べた上で、それらの意味を明確にするために、サークルのパターン等を一つ一つ説明してくれませんか？

エーテリアン：はい。しかしその前に、あなたが先ほど質問した集合的な意味にあらためて目を向けてみましょう。私たち双方の世界における新たな周期が始まり、あなた方の世界で為される行動・行為が私たちの世界に影響を及ぼし始めました。そこで私たちは、一連のシンボルをあなた方の世界に提示したのです。それらが三次元的に理解されれば、何がきっかけで変動が起きるのかを、あなた方の世界の科学者がより良く理解できるようになります。

私たち双方の世界における生命形態およびその生存は、太陽活動によって支配されています。すべての生命の源である太陽は、循環的なパターンに基づいてエネルギーを放射しています。

太陽における極移動すなわち太陽磁場の逆転は1万1600年毎に起こります。この大周期の中に小周期があり、それはハーモニック（調和的）な連結点に基づきます。全面的な太陽磁場の逆転は、通常どおり2012年に起きることになっていたのですが、あなた方の世界で思考形態が拡張されて核の開発や使用がなされたため、この周期が修正されて、準備が完了する前の早い時点でそれが起きることになったのです。

しかし、これらの周期を知れば、あなた方の世界で周期をさらに修正することが可能となり、その結果、私たちの世界双方でそのための準備を促進することができます。この太陽磁場の逆転は私たち双方の世界に大いなる変化をもたらします。具体的には、季節が一新されて新たな種が誕生するのです。
　さて、個々のシンボルの意味を見ていきましょう。あなたにとって興味深いものを提示してください。
スキャリオン：あなた方からの情報に圧倒されてしまいました。余りにも多くの質問があり、当初の意図に焦点を合わせるのが難しくなっています。
エーテリアン：さらなる情報が続けて出てきます。最初の写真を示してください。
スキャリオン：英国ハンプシャー州、リッチフィールドに出現したサークルです。

英国ハンプシャー州、リッチフィールド

エーテリアン：輪の中心は地球、その周りの輪は振動および意識の次元を表します。五番目の輪が私たちの世界です。これらの輪を囲んでいる領域は、地球のフォース（諸力）すなわち『夜の側のフォース』を意味しています。その開口部はフォースの場（力場）の破れを表しますが、これは、夏至・冬至や春分・秋分等のさまざまの周期、日食・月食、太陽の極移動に起因します。このシンボルの目的は、私たちの世界双方に影響する周期を象徴的に示しているのです。

スキャリオン：英国ハンプシャー州、ウィンチェスター近郊、テレグラフ・ヒルの大麦畑に現れたサークル。

英国ハンプシャー州、ウィンチェスター近郊、テレグラフ・ヒル

エーテリアン：この場合もやはり中心が三次元の地球を表します。その外側の輪は月の軌道です。このシンボルは、月が最大の磁気効果を及ぼす４つの位置を示しています。

スキャリオン：これは重力、潮汐力等に関係しますか？

エーテリアン：月が潮の干満を支配しているのではありません。月はそれを修正するだけであり、潮の干満を起こすのは地球の自転および赤道で為される太陽のフォースのやり取りなのです。

スキャリオン：英国ウィルトシャー

英国ウィルトシャー州、ウエスト・オーバートン

州、ウエスト・オーバートンの菜種畑。

エーテリアン：このシンボルは、月の満ち欠けの各状態と地球のフォースの間の相互作用を示しています。

スキャリオン：地球のフォースすなわち『夜の側のフォース』として、どんなエネルギーが使われていますか？

エーテリアン：昼から夜に移るとき、それに合わせて地球の大気は、蓄電器と同じようにエネルギーを充放電します。このフォースの振動数および太陽・月の周期と位置を知ることによって、太陽エネルギーの貯蔵に基づくエネルギー・システムの開発が可能ですし、実際のところ、すでに開発されています。

スキャリオン：すでに開発済みなのですか？

エーテリアン：地球の太古の時代、それは今から1万2000年ほど前です。また、19世紀から20世紀への変わり目にも米国において開発が為されました。

スキャリオン：私は月が地震の発生に関与していることを示唆するヴィジョンを見ました。それは本当なのですか？

エーテリアン：しばしばそれは地震の引き金になりますが、その原因にはなりません。もしも次の条件が全て満たされると、磁気力が引き金となって断層線沿いに化学反応が起き、地震が発生します。

(1)地球の構造系の特定の部分が圧力を受けて弱まっている。
(2)地球の火星に対する位置が特別の整列状態にある。
(3)火星が空にあり、さらに圧力下にある特定の場所の近くを月が通過する。

スキャリオン：化学反応のきっかけになるのですね？

エーテリアン：はい、そうです。惑星、月、太陽および星々からの磁気波動が合同して地球大気内の磁気波動を変調します。構造圧力に起因する化学反応の結果として、断層地帯には可燃性のガスが発生しているのですが、変調された波は波長が長いために容易に地球を通り抜けて断層地帯に達し、その可燃ガスに火をつけるのです。

スキャリオン：英国ハンプシャー州、アンドーバー近郊、カウダウンの小麦畑に出現したサークル。

エーテリアン：このシンボルは地球を示し、さらに、それを取り囲んでいる磁場の振動が他の次元に響き渡っている様子を表しています。二番目の輪は私たちの第五次元を意味し「私たちはここにいます」と言っています。一番外側の輪は八番目の次元であるアカシャを表します。

この響きの様子を示すパターンは、最も内側の地球から最も外側のアカシャに向かって振動が変化し、より細かく精妙になっていくことを意味

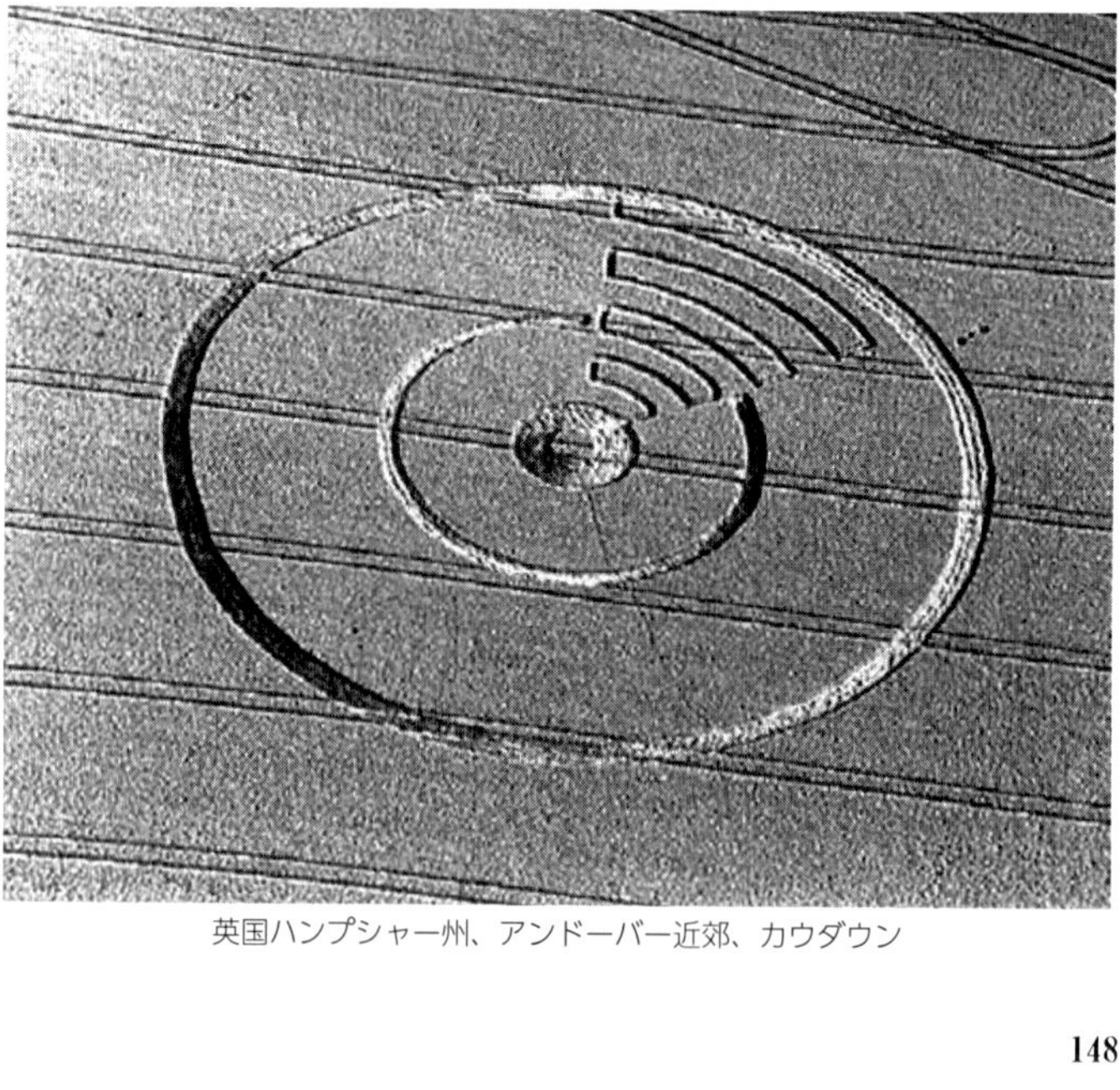

英国ハンプシャー州、アンドーバー近郊、カウダウン

していています。しかし、距離の観点から見れば、すべての次元は相互に連結されているのです。あたかも鐘の音が響き渡るように、三次元地球の出来事がいかに速やかに他の次元に伝わっていくかを示すことが、このシンボルの主たる目的です。地球におけるあなた方の行為は、全ての次元を通り抜けて伝わっていくのです。

あなた方の世界が他の生命形態を認識して受け入れるならば、すべての次元の世界が進歩・向上します。すべての生命体の間の相互関係の認識が、その歩み一つ一つによって高まります。「上にあるがごとく下にもある」という格言は、地球の人々が自分たちの神性および他の生命体との相互関係を思い出すように、私たちの第五次元から地球に向けて発せられました。私たちはすべて一つなのです。

これらのエーテリアンとの対話は１９９３年に行われましたが、それ以後、彼らからのコンタクトはありません。おそらくそれは、分かち合うべき情報や私たちが現時点で理解可能な最大限の情報はすべて提供された、ということなのでしょう。

ところで、ミステリー・サークルは世界各地で一層頻繁に現れ続けています。その一部は間違いなく偽物ですが、大部分は本物であり、それらに含まれているメッセージは、単に私たちの地球だけでなく、エーテリアンが居住する見えない次元の世界にとっても、本質的で計り知れないほど重要なのです。

夜空を見上げて地球外生命体存在の可能性に思いを馳せると、自分の意識が大きく広がっていくような気がします。しかし、多分私たちにとってはそれよりも少しばかり我が家に近いところ——地球——にも、あらためて目を向けるべきではないでしょうか？

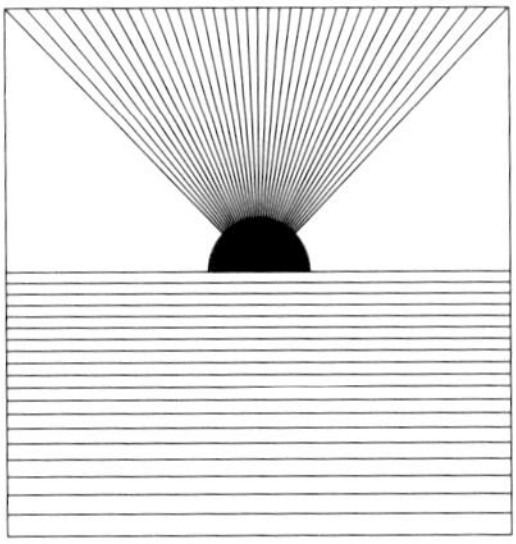

第❹章

アトランティスの
エク・カー

【解説】アトランティス文明と現在の米国の類似

本章、および第6章でご提供する情報は、『同時存在の異なる現実世界』に関するものです。

五感に基づく私たちの日々の経験は三次元物質世界の現実ですが、どうやら私たちの宇宙には、この同じ三次元に複数の異なる世界が同時に存在しているようなのです。

これは、未来予見者ゴードン・マイケル・スキャリオン氏が実際に幾度となく経験した、極めて特異な現象です。過去世・未来世におけるスキャリオン氏自身が各々独自の時間に実在し、彼ら自身の人生を送っています。それは数百年・数千年前の過去あるいは未来なのですが、彼らは各々独自の人生を過ごしつつ、同時に現在のスキャリオン氏に交信してくるのです。

スキャリオン氏の顕在意識は眠っているのですが、無意識の心は時空を超えて、覚醒状態で理解するよりもずっとたくさんの情報を収集することができます。時空連続体にある条件が整うとき、限られた時間だけポータル※1が開き、「未来の自分」が「現在の自分」や「過去の自分」とコミュニケーションできるようになるのです。

さて、今回スキャリオン氏から提供された物語には『同時存在の異なる現実世界』からポータルを通ってやってきた三人の実体が登場します。彼らはいわばスキャリオン氏の分身のような存在で、有用かつ価値の高いさまざまな情報を提供してくれます。

三人のうち、スキャリオン氏の過去生バージョンともいえる『アイルランドのベリル』からもたらされた情報については、私たちの人生に活用できる部分が大変多いことから、本シリーズ『人生への活用編』でご紹介いたします。

本章では、スキャリオン氏のもう一人の過去生の分身的存在、エク・カーからの情報をご紹介します。エク・カーはアトランティスの都市、ポセイディアに住んでいる第五レベルのイニシエイトであり、彼からもさまざまの驚くべき情報がもたらされました。

彼とのコミュニケーションにおいてスキャリオン氏は、自分が奴隷商人ブ・テ・ナムであった時の過去生を思い出しました。それは今から約1万8000年前の時代で、ブ・テ・ナムのしたことは彼にとって最初の破壊的な行為でした。その人生において彼は、苦しむ人々にさらに苦痛を与えるような行為をしてカルマをつくりました。スキャリオン氏は、他の人生においてこのカルマを克服しなければならないのです。

またスキャリオン氏は、これ以外のカルマも他の過去世でつくりました。これらの過去生の物語はひとつにまとめて編集されていますので、本シリーズ「人生への活用編」にて皆さんにお伝えしたいと思います。

エク・カーはまた「そもそも私たちのこの宇宙はどのようにして生じたのですか？」というスキャリオン氏からの根源的な問いに対し、宇宙誕生の経緯を詳しく話してくれました。スキャリオン氏はこの説明を英語で文章化してくれましたが、それは極めて困難な仕事であったと思われます。それをさらに和訳した私も、あらためてその難しさを痛感しました。

いみじくもエク・カーが示唆したように、この説明を本当に理解するには、私たちの住む世界よりも高い次元の世界に存在する、あるいは、少なくともそこを通って旅することが必要のようです。

さて、この宇宙誕生の物語には『神の実験』と呼び得るものが出てきます。その一環として、何百万もの数に及ぶ原初の魂たちは自らを地球に投射しました。そしてすでに地球に定着済みの種々の生物形態（動物や植物）と合体することにより、数千年もの期間にわたって繁殖し続けました。

アトランティスにおけるブ・テ・ナムとしての過去生で、スキャリオン氏が虐待した半人半獣生物は、これらの複合生物の末裔《まつえい》だったのです。これらのうち、半魚人・狼人間・ギリシャ神話に登場するサテュロス・ミノタウロスなどは、神話・伝説上の存在として、今でも人類の記憶の一部を成しています。

その二千数百年後のエク・カーの時代においてもこれらの生物は存在していましたが、エク・カーはこれらの半人半獣を『召使階級の混合生物』ではなく、『堕天使』と表現しました。エドガー・ケイシー氏もほぼこれと同様なことを述べています。さらにエク・カーは、魂の輪廻転生が始まった理由までもこの対話の中で説明しています。

また、エク・カーの話では、惑星間エネルギーが標準システムとしてアトランティス全土で利用されていました。このエネルギーシステムにおいて中心的役割を果たしていたのは水晶です。それがチューニングされ、さまざまな方法で組み合わされて、動力源の役割を果たしていたのです。この水晶は惑星間エネルギーを変換・増幅・収束するために使われたのですが、驚いたことに、アトランティスではこれが製造されていたのです。

そして、さらに信じがたい情報がエク・カーからもたらされました。すでに私たちの世界の中で3か国が1959年以降、この画期的なエネルギーを民間部門と軍事部門の両方で利用しているというのです。

おそらくこれは、クロアチア出身の天才科学者ニコラ・テスラ[※2]が考案し開発した『世界システム』のことかと思います。この『世界システム』は、地球と共振する定常波※3に基づいて設計されていたそうです。このシステムによって全地球の各家庭に無線でエネルギーを供給することが可能になり、電信電話網による地球的規模の情報ネットワークを実現できる、とテスラは考えていたようです。

これは、地球上の誰もがアンテナ・アース・同調コイルから成る簡単な設備を使って無料で自家発電ができる、という夢のようなエネルギーシステムですが、残念なことに研究資金が底を尽き、モルガン財閥※4からの資金援助もストップしたため、実用化の最終段階で頓挫してしまいました。ニコラ・テスラは1943年に86歳でこの世を去りました。しかし、モルガン財閥等がその後も研究開発を続けて最終的にシステムを完成させた、という可能性は充分あったと思われます。

エク・カーは、「アトランティス文明の終焉《しゅうえん》を幇助《ほうじょ》した人々と同じ魂が約200年前から大挙して地球に戻り、米国人として転生しているため、事実上米国はそのような人々で満ちあふれている」と述べています。彼はまた、アトランティス文明があらゆる点で現在の米国に類似している、という点も指摘しています。実は、これについてもエドガー・ケイシー氏がまったく同じことを述べているのです。

前置きはこのくらいにしておきましょう。

それでは、アトランティスのエク・カーとの深淵なる対話を、どうぞお楽しみください。

※1ポータル（portal）：時空連続体に開く窓のようなもの。異次元世界や異なる現実世界とのコミュニケーションは、この窓を通して行われる。

※2ニコラ・テスラ（Nikola Tesla　1856〜1943年）：電気技師、発明家。交流電流、ラジオや蛍光灯など多数の発明がありエジソンのライバルとしても知られる。無線送電システム（世界システム）を提唱し、8か国語に堪能で詩作、音楽、哲学にも精通していた。

※3定常波：地球と共振する定常波とは大地と電離層の間の空間における共振周波数を指す。この定常波を利用して、最低限のエネルギーで電磁波を継続的に伝播できる。

※4モルガン財閥：アメリカ合衆国の四大財閥のひとつ。基礎を築いたのはコネティカット州の織物業で成功したジュニアス・スペンサー・モルガン（1813〜1890年）。

アトランティスのエク・カー

ベリルの来訪によって彼がポータルと呼んだ扉が開かれ、他の過去世・未来世の人間も同様の方法で私の顕在意識に入って来られるようになったようです。これは私が『同時存在の異なる現実世界』として言及する特異な現象です。

というのは、過去世・未来世における私自身（第三人称的に彼らと呼びます）が各々独自の時間に実在し、彼ら自身の人生を送っています。それは数百年・数千年前の過去あるいは未来なのですが、彼らは各々独自の人生を過ごしつつ、同時に現在の私に交信してくるのです。顕在意識は眠っているのですが、無意識の心は時空を超えて、覚醒状態の自分が理解するよりもずっとたくさんの情報を収集することができるのです。

私は変性意識状態を経てこの無意識の世界に私自身を解き放つことによって、このような私自身の分身的存在と会うことができるのですが、そのとき彼らは彼ら自身の夢の旅をしているのです。

アルバート・アインシュタイン博士が理論化したように、時間は決して単に糸状に伸びているのではなく、伸び縮みするのです。同時存在の異なる現実世界に係わる私の経験は、これが全く疑いもなく真実であることを証明してくれました。

このような仕方で私のところにやってきた興味深い過去生の実体はエク・カーと名乗り、アトランティスの都市ポセイディアに住んでいる第五レベルのイニシエイトであると自己紹介しました。彼の話では、その時代は今から1万6052年前なのです。

エク・カーとして生きていたとき、私スキャリオンは、ポセイディアの大学の一部である叡智《えいち》の殿堂の教師であり、私が担当した学問分野は惑星間エネルギーでした。現在これに相当する学問分野は存在しませんが、あえて言えばそれは、哲学・スピリチュアリティー（霊性学）・宇宙物理学・生物物理学を組み合わせたような学問領域と考えられます。

エク・カーの時代、これらすべての分野における全体的理解・把握のレベルは、現在の私たちの知識レベルをはるかに超えていたように思われます。エク・カーの話では、二つの時代に重なり合って存在しているある種の宇宙エネルギーを活用することにより、二つの時代間のギャップを効果的に埋めることができたのだそうです。

また、ベリルと異なり、エク・カーは私たちの間のコミュニケーションを意識的に自覚しているのだそうです。なぜなら、そうしようという彼の試みは目的のある行為だからです。あたかもエク・カーと私は、双方とも変性意識状態に入って高次意識の世界に移行し、そこで会合して各々のこれまでの人生について語り合っているかのようであり、それはいわば二人の友人が各々の家を離れてダウンタウンのコーヒーショップで会うようなものですが、それが起きる時空の規模は極めて宇宙的です。

彼が意図したことは――それを証拠付けるものはほとんど破壊されてしまっているものの――彼の時代のテクノロジー・構想・哲学等を私と共有することにより、私の現在の仕事を援助することでした。

アトランティスは、ほぼ完全に忘れ去られてしまっている歴史上の時代です。しかし、それについての情報を提供するエク・カーの洞察力・眼識・見識は、私や私の友人たちおよび他の多くの人々にとって大いなる助けとなりました。超巨大地震に起因する地殻の隆起により全ては海底に沈んでしまいましたが、それが起きるまで、アトランティス文明は22万年間繁栄を謳歌《おうか》したのです。

エク・カーとのセッション

変性意識状態におけるエク・カーとのセッションには多くの人々のグループが参加しました。その際彼は、彼の時代の生活やアトランティス社会の歴史について述べ、さらに自分の直感能力を使って、彼自身の未来であるアトランティス最後の日々（今から1万1500年前）に至る期間について予見したのです。

のちほど、これらのセッションの内容の一部をご紹介しますが、それには彼の物語のより詳しい内容が収録されています。

エク・カーとのコミュニケーションの方法は、ベリルや他の過去世・未来世の人間と似ています。そのような実体各々と同様に、彼の個性や声の感じ・話し方は独特ですが、私と彼らの間に明確な類似性があることが分かります。

彼ら―私―私たちは同一の意識全体の一部であり、並列的な様式に基づいているのです。そして、口頭でコミュニケーションするためには、私の分身的存在が私の現在の記憶・脳・声を使わねばなりません。エク・カーとベリルは、彼らが私本人から分かれた存在ではなく、現在の私自身の過去世バージョンであることを明確にしました。

過去世やカルマについて話をしていたとき、彼は驚くべきことを言いました。未来の現実世界も同時に存在していて、そのような未来世の実体が、間違いなく、すぐにでも交信してくるのだそうです。

彼らは数多くの多様な人生について話し、教訓・貴重な経験・実際的な知恵等を教えてくれました。しかし、エク・カーによると、それらの人生は連続して起きるのではありません。「それと異なる考えは容認し難い」というのが私たちの現在の見解ですが、彼は次のように言いました。

「人生はその前の人生を足場としてその上に築かれ、過去に学ばれた教訓が未来に適用されるというのではなく、それは環状的である。多様な人生の各々は互いに融合し、存在全体の本質の不可欠な要素を成していて、個々の時間と場所あるいは連結点で順繰りに集合意識と交差する」というのがエク・カーの見識なのです（エク・カーによると、これは極めて単純化されたモデルですが、彼が説明した内容を理解可能な方法で正確に示すには三次元以上の次元が必要です。なぜなら、それを三次元的見方に翻訳するのは簡単ではなく、比喩として表現するのも困難だからです）。

数千本の針が貫通した玉ねぎが、彼の説明した内容に最も近いモデルと思われますが、実のところ、これが最も重要な今生における中心点なのです。

私たちに与えられる教訓が他の人生における自分自身（自分の過去世バージョンあるいは未来世バージョン）とのコミュニケーションを伴う時もあれば、伴わない時もあります。毎日の生活における問題を何とか解決するためには、一人になることが必要なときもありますし、仲間や友人を求める、あるいは他の人々の助言を模索する方が良い場合もあります。私たちの全意識は私たちの全存在を育み、その全体的な成長を助けるために、時間・場所、そして教訓になる経験を探し求めるのです。

しかしながらこれは、自分の特定のバージョンに対しては必ずしもそうではありません。エク・カーは、その絶好の例を思い出させてくれました。それは、私が奴隷商人ブ・テ・ナムであった時の過去生です（注：スキャリオン氏は約1万8000年前の過去生を奴隷商人として生きました）。

ブ・テ・ナムのしたことは彼にとって最初の破壊的な行為でした。その人生において彼は、苦しむ人々にさらに苦痛を与えるような行為によってカルマをつくりました。私スキャリオンは、私の他の人生においてこのカルマを克服しなければなりません。

しかし、このカルマは未来においてもたやすく生じ得るものなのです。そしてその場合は、取り組むべき教訓がもっと早い時期に与えられるものと思われます。

私たちの大いなる自我は、あまり啓発されていない状態からより啓発された状態への移行を常に志向しているものの、必ずしもそれは転生するたびにいっそう啓発された状態へと進む（あるいは堕落し間違いを犯したために少し退歩する）というような、歴史の流れに沿う直線的なものではありません。エク・カーが私に言いたかったのは、まさにこの点なのです。

私たちの全意識・全自我は時間の流れの外に存在します。自分や他の人々に判断を下して裁くのではなく、むしろ自分自身の内を見て、今何をすべきか考えること――多分これが今私たちに必要なのでしょう。たとえそれが何であれ、それには理由があり、結局のところその理由は望ましいものなのです。エク・カーはさらに続けて次のように説明しました。

「たとえ現時点では過去生における私たち自身と交流していなくても、そうすることはいつでも可能なのです。さらに、特定のカルマに基づく状況を見出して、その過去生の自分自身に接触し、自分たちの振る舞いや行動を修正するように彼らに促すことによって、カルマに起因する負債の総合収支および支払いに影響を与えることさえもできるのです。

宇宙は極めて柔軟で、絶えず動き変化しています。現実というものは単に宇宙が焦点を合わせるその瞬間にすぎません。ちょっと経てばその現実は記憶の出来事となり（常にいつでも宇宙の一部であるものの）私たち自身も変化しています。私たちが現実の一瞬一瞬を闇の中で過ごそうとも、あるいは光の中で送ろうとも、私たちは依然として宇宙全体の一部なのです」。

審判についての私の考えは、「聖ペテロが天国・地獄・煉獄の門に立っていて判決を言い渡す」というものでした。しかしそれは、エク・カーの説明をすべて聴いたとき完全に打ち砕かれました。

エク・カーによれば、宇宙には、私たち自身が自分に罰として負わせるもの以外に審判というものはありません。私たちは自分自身のカルマを創り出し、準備が整ったときにその罪を許すのです。

エク・カーが語る宇宙誕生の経緯

さて私の次なる質問は、「そもそも私たちのこの宇宙はどのようにして生じたのですか?」という、今さら言うまでもないほど明らかなものでした。

それに対してエク・カーは、次のような信じられないほど途方もない話をしてくれました。

まず初めに、無限の時空は密度が均一で調和状態にありました。空洞や隙間などは皆無で、これまでも常に存在し現在もなお存在しているものと同じ原初の構成要素から成っていました。私たちが知っている宇宙の周期の初めには、ものやエネルギーが、すべて全く鮮明度・精細度なしに同じ割合で宇宙の広がりを満たしていたのです。

あるとき、この均一な広がり、この大いなる全体性、『大いなるひとつ』が、自分自身の内で動き始め、その結果、原初の均一性・同一性が失われて意識が芽生えました。そして、ものとエネルギーの大いなる広がりが、新たな存在形態を志向して動き始めたのです。

そして、私たちが想像できるよりもはるかに長い時間が経ち、その間に島のようなものや集合意識の世界が徐々に形成されました。この大いなる集合意識（大いなるひとつ）は果てしなく常に変化しています。動きと変化は宇宙の本質なのです。

エク・カーの話は続きます。

すべての意識世界の中で、地球とその系（太陽系に対比される地球系）は比類のない存在です。なぜならそれには、物質世界・非物質世界双方に基づく多重次元が含まれているからです。それが私たちの母なる地球です。私たちはその一部であり、同様にそれは、私たちの源、私たちを成り立たせている全てなのです。

そしてその全て――私たちの意識世界――は、大宇宙の『大いなるひとつ』の一部であり、その中に存在しているのが『大いなるひとつ』の個別表現である魂のグループ、そして個々の人間はさらにその一部を成しています。これらは原初の魂であり、自分自身によって、彼ら自身の動き・変化・成長に基づき『大いなるひとつ』を構成している要素から最初に創造されました。

エク・カーの説明によると、宇宙はその外部の存在によって創造されたのではありません。宇宙の実質は、原初から無限の時間がずっと存在していたのです。私たちが理解している宇宙は、終わることなき運動過程における単なる一つの段階にすぎません。個々の生命・意識・エネルギーや美しさのきらめきは、適切な要素が一体となることにより、それ自身の動きそのものから創造されました。そしてひとたびその動きから意識が生まれると、それは、思考・選択・運動・再生を通して創造し続け、宇宙の原質の終わることなき運動を永続化していったのです。

地球の意識世界を創り出した原初の魂たちは、数多くの次元に同時に存在しました。彼らは宇宙の至る所に同時に存在した、というのが最も適切な表現でしょう。なぜなら、現在の私たちの集合意識はそのほんの一つの層にすぎないのですが、原初の魂たちは、知覚力のある地球の意識をも具現化し、全く同時に私たちの現実世界とは別に存在していたからです。

その当時、原初の魂たちと同じ意識世界のより初期の表現として、地球はすでに創造されていたのですが、その多次元同時存在性のゆえに、彼らは自分自身を最初の人間の意識として地球に投射することができました。

ここであらためて思い出してください。それでもなおこの全ては、私たちとは全く無関係に他の次元に存在する世界をも包含してあらゆるもの・万物を網羅する『大いなるひとつ』――そのほんの一部分にすぎないのです。

このような宇宙誕生の経緯を私たちが理解できる言葉で説明することがいかに困難であ

るか、私にはよく分かりました。この極めて複雑な解説でさえも、実際は過度に単純化されたものではないかと思います。この説明を本当に理解するには、私たちの住む世界よりも高い次元の世界に存在する、あるいは、少なくともそこを通って旅することが必要である――それをエク・カーは示唆しました。

原初の魂たちが行った神の実験

いったん言葉は脇に置き、心象や直感把握の世界に移らねばなりません。

私の質問に対する答えとしてエク・カーがしてくれた説明は、私の意識的心に理解させるための道案内であり、彼が素描してくれた絵画表現のごときものなのです。私たちが存在する次元でそれを完全に理解することはおそらく不可能であろうことを、私はあらためて実感しました。私はただ、それが私の心に深く染み込んで充分に理解されるように努めました。

彼の話はさらに続きました。

「何百万もの数に及ぶ原初の魂たちは、神の実験と呼び得るものの一部として自らを地球に投射しました。その当時、地球上ですでにさまざまの生命体が繁殖し始めていたのですが、原初の魂たちはそれらと混じり合い、ある面では、それらを改良するために部分的に修正しました」。

これは今からおよそ１５００万〜１８００万年前に起きた出来事です。その時点で、すでに多種多様な生物種が地球上に出現していて、発展し続けていました。原初の魂たちは、すでに地球に定着済みの種々の生物形態（動物や植物）と合体することにより、数千年もの期間にわたって繁殖し続けたのです。

アトランティスにおけるブ・テ・ナムとしての過去生で私が虐待した混合生物種は、これらの複合生物の末裔《まつえい》でした。その2千数百年後のエク・カーの時代においても、これらの生物は存在していましたが、エク・カーはこれらの半人半獣を、『召使階級の混合生物』ではなく『堕天使』と表現しました。

神の実験が始まってから数百万年が過ぎたころ、集合意識は、その過程において困難が生じたことに気づきました。地球上の生物種と混じり合って繁殖し続けた数多くの魂たちは、霊妙なエーテル力や重力の影響により三次元物質世界に取り込まれてしまったのです。多次元同時存在能力を失ったため、もはや自分の意志で自由に地球に出入りすることが不可能になったことが、彼らには分かりました。彼らの振動密度があまりにも濃くなったため、以前は自由に旅することができた他の意識世界とつながることができなくなったのです。

まさに彼らは地球に取り残されてしまい、他の振動世界にいる仲間たちから離れてしまったため、最終的にこれらの魂たちは、彼らの元々の生まれや起源をすっかり忘れてしまいました。彼らは時空の孤島に置き去りとなり、繁殖を重ねながら地球上に存在し続けました。まさにこのとき輪廻転生が始まったのです。

地球に縛られてしまった魂たちは、高次元にいる仲間たちのことはもはや知る由もない状態でした。しかし、多次元同時存在の魂たちは、言うまでもなく、道に迷ってしまったこれら魂たちの窮状を知っていました。助けの手を差し伸べるため、彼らは一団となり、再度地球に自らを投射することを選択したのです。

それは彼ら自身も島流しになることだったのですが、そのときは地球上の他の生物種とは混合せず、人類の五大人種として、一度にそろって地球世界のあらゆるところに現れて共通の言葉を話しました。彼らの仕事は、抜き差しならない状態に追い込まれてしまった魂たちを助けて、彼ら自身の生まれや起源を思い出させ、束縛を受けずに地球世界へ出入りできるような振動レベルを取り戻させることでした。

一連の転生を通してそれを実現する機会が彼らに与えられました。これら五大人種は何十万年にもわたって地球にとどまったのですが、その結果、彼らもまた少しばかり彼らの生まれ・起源を忘れてしまったのです。混合生物となった魂たちが奴隷化されたのは、おそらく、五大人種が彼らの原初の任務を忘れ去ってから長い時間が経った後と思われます。

しかしそれでもなお、転生とカルマに基づく学びの過程は依然として続けられ、ゆっくりと時間をかけて、地球に取り込まれた魂たちが高次の振動世界に戻れるように導きました。確かに、無限と思われるほど長い時間続いた隷属化から多くの教訓が得られ、それにより少なくとも何人かの魂たちが、かつて住んでいた高次振動の世界に帰還することができたのです。

エク・カーの時代、堕天使たちは依然として地球上に存在していましたが、アトランティスは、奴隷制度に関して賛否が分かれ、政治的に分裂していました。奴隷制度――これはあまり遠くない昔の時代に聴き慣れていた言葉です。百数十年前、エク・カーの時代とほとんど同じ状況において、米国がこの問題に直面させられたのも無理はありません！これはまさにカルマの作用によるものです。

しかし、地球上の各々の生命体による苦痛・喜び・苦しみ・幸福等の個々の経験は、私たちにとって大いなる規範であり、壮大な学びの様式の一部であること――これを理解する必要性に比べれば、カルマが働く理由・原因はさほど重要ではありません。自らそれを受け入れ、自分自身の創造的・直感能力をその学びに適用すれば、ただただそれは、最高レベルの意識状態を達成するための助けとなります。私たち全ては、そこへの帰還を模索しているのです。

混合生物すなわち堕天使に何があったのか?そして、もしも多次元同時存在の魂たちが人間の姿をして地球に来たそもそもの目的が、彼らを神の恩寵の下へ戻すことであったのなら、なぜ彼らが地球上から姿を消してしまったのか?さらに、もしも彼らがいなくなってしまったのであれば、なぜ私たち人間が今もなお地球に存在しているのか? 私はこれらの点をエク・カーに質問しました。

彼の説明によると、今から約1万2000年前、原初の堕天使たちの大部分は、完全な人間の姿に生まれ変わり始めたのです。少なくとも遺伝的・身体的には五大人種と見分けがつかないほどになりました。しかし感情面・霊性面においては、彼らの多くはその時でもまだ、非常に低い振動レベルのままだったのです。

アトランティス時代の堕天使に起因するカルマに加えて、奴隷を苦しませ、同胞に暴力を振るうことによってもたらされた否定的カルマにより、人間世界の大部分の振動が下がってしまったのですが、それでも、転生の過程を経て彼ら自身の振動レベルを引き上げる機会が常に与えられています。

いみじくもエク・カーが言ったように、これが宇宙の経綸《けいりん》なのです。

私たちすべてが学ばねばならないこと

エク・カーは、アトランティスの都市・ポセイディアにある『大いなる叡智の殿堂』の教師として、さまざまな物事についての情報を定期的に生徒たちと共有することにしていますが、それらは、おそらく現在の私たちの理解を超えるほどに神秘的、あるいは謎めいていると思われるようなテーマです。

当時、惑星間エネルギーはごく自然なエネルギー形態として受け入れられていて、地球・太陽や他の恒星のエネルギーを利用するその装置は、アトランティス共通の標準システムと考えられていました。

地球とそれらの恒星の間のエネルギー交換（主として地球・太陽間および地球・アルクトゥルス間のエネルギー交換）に基づき、自然のままのエーテル・エネルギー場が確立されていました。それは宇宙空間に設けられ、そのサービスの供給範囲は常に、地球のみならず他の惑星や天体にも及んでいました。このエネルギーは受け取られて収束され、チューニング済みの水晶をさまざまな方法で組み合わせるだけで利用することができました。

アトランティス文明においては、不可視の領域からエネルギーを捕捉するために、このような水晶が製造されていたのです。ちょうどプリズムが白色光線を目に見えるスペクトルに分解するように、これらの水晶は、このエネルギーを変換・増幅・集中することにより動力源の役割を果たすことができます。

もちろん私は「このシステムが間違いなく現在の消費のあり方に革命をもたらし、おそらくは、終わることなき化石燃料の掘削・利用によって引き起こされた生態系の破壊を止めることができるだろう」と考えました。そこでエク・カーに、その設計図を提供してくれるように頼んだのですが、驚いたことに、それに対して彼は次のように答えたのです。

「1959年以降、あなた方の世界で3か国が、すでにこのエネルギーを民間部門と軍事部門の両方で利用しています」。何ということでしょうか!これは既知の情報であり、3か国がこの代替エネルギーを享受しているにもかかわらず、世界規模で利用されるのではなく機密として隠匿されてしまっているとは!

この事実に私は危機感を募らせました。なぜエク・カーはこの情報を提供してくれないのだろうか?もしもそうしてくれれば、すべての人々とそれを共有できるし、手遅れにならぬうちに私たちの文明のあり方を修正できるのではないか?私はそのように考えたのです。しかし、それに対するエク・カーの答えは次のようなものでした。

「驚愕するほどすばらしい『大いなるひとつ』の働きや営みをよりよく理解するためには、政治面・環境面・社会面・霊性面を含む全体を研究することが必要です。希求すべきことは解決策ではなく問題・課題の共有であり、私たちすべてが学ばねばならないことは、信頼すること、および内なる自分を熟視すること――すなわち直感を使うことなのです」。

そこで意識レベルを引き上げるための実習として、エク・カーとのコミュニケーションの一部を公開討論会の形式で行うことにしました。それによって、形而上学に関心のある人々は誰でもこの驚くべき実体と直接対話する機会が与えられるのです。

ベリルの場合と同様に、それを可能にする『窓』は限られた期間しか開いていません。私は「エク・カーが他の人々とも知り合えるようにすべきである」という強い衝動を感じたので、これが進むべき正しい道であると考えたのです。そして、彼もその意見に同意してくれました。

次に記すのは、グループによるエク・カーとのセッションの記録を抜粋したものです。最初から彼は参加者をびっくりさせるような情報を提供してくれました。

エク・カーとのセッション　―公開討論会―

エク・カー：こんばんは！ようこそ来てくださいました。私たちはエク・カーと呼ばれています。今晩あなた方とご一緒する機会をつくってくださり感謝しています。私たちはポセイディアにおいて、あなた方が大学と呼ぶ学校組織で仕事をしています。それは『叡智の殿堂』として知られています。そこでは教育審議会によって選ばれた生徒たちが、地球のエネルギーシステムの応用方法を学びます。

地球自身が最大のエネルギー源です。なぜなら、地球は太陽本体とエネルギーの交換をしているからです。厳密に言えば、太陽自身がエネルギーを放射し、地球に属するエネルギー場と結び付いて、赤道上で合体するのです。南回帰線と北回帰線の間がこれらエネルギー場の連結区域です。あなた方が無限を表す際に使う数学記号を思い浮かべてください。その記号が超巨大化して太陽と地球を取り囲んでいる状態を心に描けば、それが太陽と地球の間のエネルギー交換システムを表します。次頁の図をご覧下さい。

この利用可能な結合エネルギーは低周波の振動力に基づいており、肉体の本体はこの振動力に極めて容易に同調します。そこで今日は、このエネルギーの活用法を皆さんにお教えします。それはとても簡単であり、皆さんの家の中の正しい場所を見つけさえすればよいのです。そこにはエネルギーのヴォルテックス（渦）が存在します。どんな建造物・構造体の中にも、互いに交差する種々の力線（エネルギー場の向きと強さを表す仮想の線）があるのです。それらの力線の交点があなた方の立つべき場所です。

この交点を見つけるためには、まず初めに方位の確認をするとよいでしょう。身体の感覚でもって磁北（磁気コンパスの磁針が指す北の方向）を見つけるのです。家の中のどこかの場所に立って目を閉じます。そして、その場所でゆっくりと身体を回し、五感が磁場に同調するように試みます。多分これが、皆さんにとってエネルギー場に同調する初めての経験となるでしょう。

ひとたび磁北が確認できれば、あなた方は当て推量なしで、ごく自然に家の中をゆっくりと移動しながら、エネルギーのヴォルテックス（渦）を見つけることができるのです。それが見つかったら、次にその位置の正確さを調べます。通常これらのヴォルテックスは、

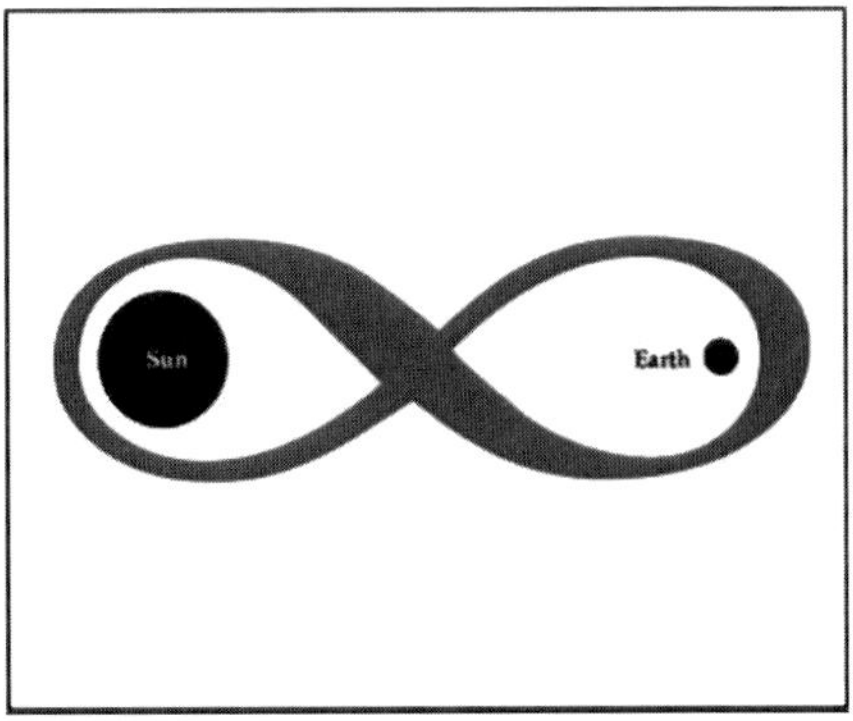

太陽と地球の間のエネルギー交換システム

磁北からの90度の回転に基づく北東の四分円内に位置していますので、もしもそこの場所に立てば、そこに存在するエネルギーを感知することができます。あなた方の腕の下部や首の後側で耳のすぐ下の部分に、何となくチクチクするような、あるいはうずくような感覚を覚えるはずです。もしもそのような感じがあれば、それは、あなた方がエネルギー場につながったという証拠になるのです。

私たちはこのようなことをポセイディアの若い人たちに教えています。あなた方の身体がこのエネルギーに同調すれば、病気に対する抵抗力が非常に高まります。なぜなら病気は、それによって保護された身体には入り込めないからです。いったんこのエネルギー場につながってしまえば、精神エネルギーしかそれを分断することができません。心が原因でこのエネルギー場が弱まった時は、必要に応じて再度ヴォルテックスに入り、エネルギー場を活性化します。

私たちが今夜ここでお伝えしたことは、叡智の殿堂からあなた方の世界に提供される教えのほんの一面にすぎません。何か質問がありますか?私たちはここで一分間だけ休憩を取って沈黙しますが、それが終わり次第、皆さんからの質問にお答えします。何にもまして私たちは、内なる叡智に基づいて、進歩向上を希求している人々の役に立ちたいと願っているのです。

質問者：エク・カー、今夜私たちと時間を共にするために来てくださったことを感謝します。あなた方とご一緒するという光栄に浴する機会は、これまでありませんでした。今夜の会合への参加を決めた理由は何ですか？

エク・カー：『機会の窓』というものがあります。私たちがどこか別の場所にいて、そこからあなた方のところにやってくるのではなく、私たちはいつもここにいるのですが、ある条件が満たされた場合だけ、あなた方の世界との出入り口が開くのです。あたかもそれは、エネルギーがそこを通って流れるように時間軸をずらすようなものなのです。私たちの誰が代表して話すのかは、グループ全体が決めます。今夜はこのようなテーマへの関心が非常に高いと思われたので、私たちがやって来たのです。

質問者：先ほど話されたヴォルテックスはどのような大きさですか？一つの部屋にいくつ存在するのですか？

エク・カー：ヴォルテックスは長方形の部屋に一つだけあり、磁北から45度東側に回転したところに位置しています。各々の部屋には常にいつでも一つあるのですが、建物全体の中では、磁北から正確に45度の角度にある連結点で最もエネルギーが高くなります。地球物理学上の位置にも依存するのですが、ヴォルテックスの振動の大きさは絶え間なく変化します。赤道近くのヴォルテックスの方が、緯度が30度以上の場所（北緯あるいは南緯）にあるヴォルテックスよりも歪《ゆが》みが少なくなります。

歪みとは、本質的には惑星内部の雑音のことですが、これには、あなた方が使っている送電線や電力網に起因する雑音および変圧器や車の発電機等からの雑音も含まれます。赤道ではこの歪みが少なくなるのです。

質問者：あなたの時代のアトランティスにおける生活様式をご説明ください。

エク・カー：私が住んでいる都市はポセイディアとして知られています。私たちの文明・文化はカースト（進化のレベル）と呼ばれる社会制度に基づいています。アトランティスに残存する三つの島全体にさまざまな人種の人々が入り混じって住んでいるのですが、カーストは、個々の人間がこの世界に生まれてくるときの振動レベルによって決まります。ある人々はこれによって選抜されて教育者になりますし、またある人々は野原や田畑での仕事に従事します。個々人にとって、自分の一生涯のカーストが何であるかは、直感によって分かるのです。

私たちのテクノロジーはあなた方の文明とは異なる進路を取りました。それは、あたかも同じ目標を達成するために、電気の発見と太陽エネルギーの発見のどちらかを選ぶことになったようなものです。私たちの時代では太陽エネルギーを選択し、それに基づくテクノロジーを発展させました。時間の経過と共に、私たちの知識の大部分は、あなた方の科学の進歩を支えるために必要な問題解決法よりも、もっと単純な手法に至りました。この単純さによって私たちは、心を明晰に保ち続けることが可能になり、あなた方の時代よりもさらにいっそう霊性を高めることができたのです。

私たちの寿命は約300年に及びます。アトランティスの前の時代、それは人類の最初の文明に相当しますが、その時代の寿命は私たちの時代の3倍の長さでした。この寿命の短縮は大気の変化によるものです。それは継続的な変化であり、あなた方の時代にまで続いています。

そのような状況なので、たとえあなた方が太陽エネルギーに基づく私たちのテクノロジーを開発したとしても、そのほとんどは適用不可能と思われます。

その理由をお話しましょう。現在のあなた方の時代から約5万4000年前、三つの大激変のうちの最初のものがアトランティス大陸を襲いました。そのとき、この惑星の大気は部分的に剥《は》ぎ取られてしまい、それを修復するのに数千年もの期間が必要だったのです。

事実、この大変動があまりにも激烈だったため、現在大西洋と呼ばれている海域全体を占めていた巨大な陸塊が、五つの大きな島（亜大陸）に引き裂かれてしまいました。その2万6000年後に二番目の激変が起きました。そしてその結果、アトランティスはさらに縮小し、ポセイディアを含む三つの島を残すだけになってしまったのです。この変動の主たる原因は、私たちのテクノロジーの誤用でした。

最初と二番目の大激変から生き残った少数の人々は、厳しい状況の中で何とか生き抜くために、当時のテクノロジーを最大限活用しました。そして、いくつもの世代を経て新たな環境に順応していったのです。最終的には、大変動がもう一つ起きて、残っている3つの島もすべて海底に没してしまうことになっています。完全なまま残った遺跡は、高度な海底探査技術が開発された時に発見されるでしょう。それらはアゾレス諸島、バハマ諸島およびカナリー諸島の近辺で見つかるはずです。

質問者：遠く離れた人を効果的に癒す方法を教えていただけますか？

エク・カー：あなたがその方法をすべて理解できるように、私たちが叡智の殿堂で生徒たちに教えていることをお伝えしましょう。というのは、私たちの時代においては、これは極めて日常的な課題だからです。

まず初めに「あなた方が物と物の間の空間あるいは距離として理解しているものは実在

しない」ということに気づくことが重要です。空間は知覚に基づく幻想であることを、あなた方は意識的に信じる必要があるのです。目による認識ではなく心による内なる認識が起きるように、あなた方の信念を鍛え上げねばなりません。また、あなた方がテレパシーと呼ぶものは実在します。そして、それにより接続がなされます。

先ほど私たちは、部屋の中に生じているヴォルテックスのエネルギーについて話しました。それらは『レイ・ライン』によって結び付けられます。レイ・ラインとは不可視の魚網のようなもので、地球の全表面を覆っています。このレイ・ライン網の格子線を心に描き、次に地球上を動き回っている人々を思い描いてください。ある人々は直接レイ・ラインに接していますが、他の人々は格子線の間の区域にいて、より少ないエネルギーを受けています。

このエネルギーはどこでも受け取ることが可能であり、格子線の交点で意図的にパワーを取り出すことに

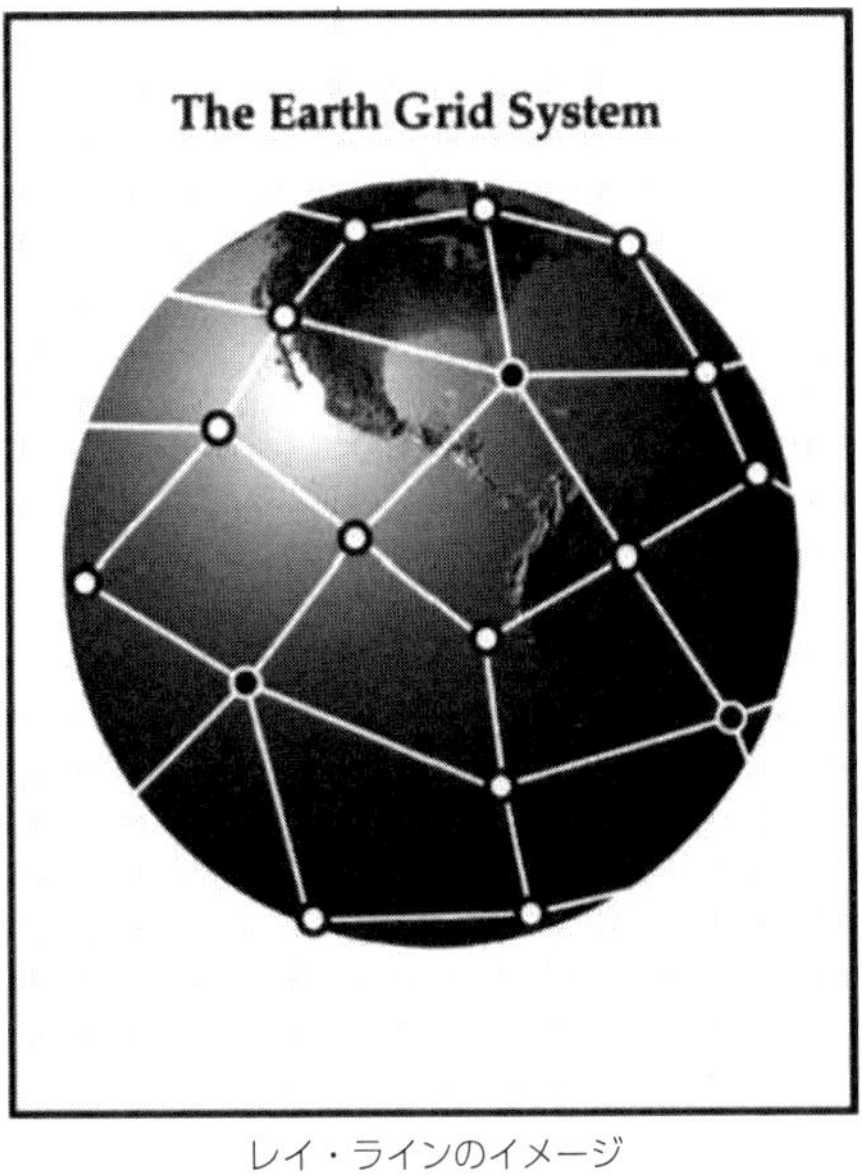

レイ・ラインのイメージ

よって、容易にすべての人々につながることができます。あなた方は、人間の音声を運んでくれる電話線に疑問を持たないでしょう。また、ラジオ音声やテレビ画像が放送電波を通じて伝達される、という事実を疑ったりしないでしょう。しかし、あなた方の時代より200年遡った過去に生きていた人々は、これらのテクノロジーは不可能だと思ったに違いありません。

このヴォルテックス格子は、あなた方がまだ一般的に使っていない、もう一つの振動エネルギー源です。振動の規模や振動数では、あなた方がすでに発見しているものよりも低いのですが、それでもなお、実際に存在する周波数であり、人体は自然にそれに同調しています。

というわけで、遠く離れた人々を遠隔で癒すためには、ヴォルテックスのエネルギー周波数に同調する必要があります。すでに述べたように、あなた自身がヴォルテックスに位置すれば、その正しいサイクルが見つかります。いったんそれへの感受性が開発されれば、これは簡単にできます。なぜなら、格子線の網は非常に細かいので、遠くに行かなくてもパルス点（パルス位置）が見つかるからです。

体内に適切なパルスを設定する上で、バロック音楽が助けになります。それによって地球上の他の人々とつながることができるのです。これらの人々は必ずしも格子線の交点に位置する必要はありません。というのは、ヴォルテックスのエネルギーは地球上のすべての場所――すなわちレイ・ライン上のみならずその間のすべての空間――に作用するからです。訓練を積み重ねることにより、エネルギーの送り手さえも交点に位置する必要がなくなり、どんな場所でも適切なサイクルを見つけることが可能になります。

いったんあなたがそれを確信し、訓練に基づいてつながりが達成できれば、あとは送り手の癒しの想いを伝達しさえすればよいのです。

ところで、「このようなつながりを達成するには、受け手の写真・所持物・衣服の一部等が必要である」と言われています。私の時代のアトランティスにおいてさえも、しばしばこのようなことが言われます。これらのものは心の集中を補助する道具であり、送り手が遠隔ヒーリング（癒し）に対して充分な確信を持っていない時に必要とされるのです。訓練によって自分の信念を強め、「癒しがごくあたりまえの出来事である」という確信にまで至ることが大切です。そこで、今からその練習をします。それによって、遠い場所から変化を生じさせるという能力を伸ばすことが可能になるのです。

《遠隔ヒーリングのための訓練》

（意味を明確にするために、エク・カーの元々の専門用語は若干書き換えられました）
1　あなたの実験に協力してくれる人（パートナー）を見つけます。そのパートナーがいる場所は、町の反対側、通りの向こう側、あるいは地球の反対側、等々、どこでも構いません。

2　あらかじめパートナーに依頼して、一日の特定の時間に体温を測ってもらいます。その特定の時間にパートナーが体温を測定している時、あなたは瞑想状態に入って、あなたが地球の格子線網につながっている状態を視覚化します。

3　心の目を使ってあなたのパートナーを視覚化し、その人が色彩に包まれている様子を思い描きます。どの色が的確であるかは直感でわかります。それはこの実験をするたびに異なります。

4　パートナーを取り囲んでいる色を視覚化し続けます。時間の経過とともにその色の明度が増すことがわかります。これを5分間続けます。

5　それが終わり次第、パートナーに連絡して再度体温を測定してもらいます。おおよそ1度の4分の3だけ体温が変化しているはずです。

この訓練を繰り返すごとに、遠隔ヒーリングに対するあなたの確信が高められます。なぜなら、何度実験を行っても同じ結果が得られるからです。

質問者：レムリア大陸※はあなたの時代に存在していましたか？

エク・カー：現在の私たちの時代、依然としてその一部が存在しています。それはあなた方の時代のハワイ諸島の近辺に位置していますが、間もなく変わります。これまで徐々に進行してきたレムリア大陸の海没は、8万年ほど前に始まりました。現在の私たちの時代は、あなた方の時代の約1万6000年前ですが、現在残っているものはかつて存在したレムリア文化の名残にすぎません。その遺構はあなた方の時代にすでに発見されていますす。しかし、それが太古の昔に存在したレムリア大陸の一部であることは認識されていません。より大規模な遺構はあなた方の近未来に発掘されるでしょう。

レムリアの文化は霊性に基づいていました。海没から生き残った人々は、彼らの文化を携えてメキシコや米国西部地域に移住しました。また彼らの一部は、さまざまの陸橋（大陸間をつないでいたと思われる陸地）を通ってアメリカ大陸北部にも移り住みました。あなた方がエスキモー（イヌイット）と呼ぶ人々はレムリア人の子孫とアメリカ先住民の混血民族です。アステカ族およびマヤ族になった人々も先住民との混血であり、レムリアの文化と知識の多くをもたらしました。

私たちの時代に、アトランティスと並んで残存している陸地はムーと呼ばれています。二つの種族の間のコミュニケーションは可能ではあるものの、実際はほとんどありません。レムリアの人々はテクノロジーの面では私たちに及びませんが、霊性の面では私たちをはるかに凌駕《りょうが》しています。彼らはアトランティスの社会秩序の原理原則に賛成していませんので、私たちとの交易を望んでいません。また同様に、アトランティスは、彼らの文化が未開かつ粗野であるとして見下す傾向をもっています。

質問者：二つの種族（アトランティスとレムリア）の間には他にも違いがありますか？

エク・カー：自然環境を変えるのではなく、それと共に生活するというのがレムリアの人々の生き方です。これが二つの種族の文化の間の最も大きな違いです。レムリア全土において、彼らはほとんどの時間を地下で過ごすことを選択しました。なぜなら、依然として野獣が自由に彼らの土地を徘徊《はいかい》しているからです。

それに対して、私たちのアトランティスでは、野獣の自然な移動を抑制する方法が分かっていましたので、私たちの土地における彼らの活動を制限することができました。

レムリアの人々は圧倒的に菜食主義者ですが、アトランティスの人々は肉と植物を半々に食べます。レムリアの人々が肉食をしないのは、それが間違っているという理由からではなく、彼らが「人間を含むすべての動物が生き抜くためには、生死のサイクルの中で生命維持の手段が確保されねばならない」と信じているからです。さらに「自然のすべての恵みを細心の注意を払って保全し、無駄をなくして必要なものだけを消費する」というのが彼らの考え方であり、それはアトランティス人の見解と大きく異なります。

「とにかく肉食は植物を食料として収穫するよりも無駄が大きいので、食生活に肉を取り入れるべきではない」というのが彼らの信念です。レムリアの人々は非常に長い間これを実践してきました。彼らの土地と人口が今よりもはるかに大きかった時代でさえもそうだったのです。なぜなら彼らは、私たちアトランティス人よりも、大いなる地球そのものに一層調和し順応しているからです。とは言っても、あなた方よりも私たちの方が、ある面においては、地球によりよく同調し順応しているのですが……。

レムリアの人々は家族構成においても私たちと異なります。彼らにカーストはありません。そして彼らは、数世代にわたるグループもしくは部族として生きています。「創造力を高めつつ絶えず地球の大自然と調和して生きる」というのが彼らの生活様式および信条です。

アトランティスは高次意識への同調に基づいてテクノロジーを開発しましたが、それは大部分マスター（大師）階級・指導者階級に属する人々の活動領域であり、その成果だけが、彼らよりも下の階級の人々に伝えられたのです。アトランティス（特に都市部）の人々の大部分は、彼らが利用しているテクノロジーの基礎である惑星間エネルギーを理解していません。

しかしながら、レムリアにおいては、すべての人々が高次世界とのコミュニケーションに親しんでおり、地球との密接な関係を築いています。それゆえ、彼らは、自然の摂理に基づくゆっくりした地球の変動から生き残ってきました。また、大激変を予見し、それが起きる前に安全な場所に移住したのです。遺憾ながら、アトランティス文明はそれと異なっていました。そのため、大変動が生じ急激な環境の変化が起きると、ほとんどの人々はそれから生き残れないのです。

質問者：レムリアの人々が同じ場所でアトランティスの人々と共に暮らすような場合がありますか？

エク・カー：情報などのやりとりはあります。ところで、アトランティス文明はあらゆる点であなた方の時代の米国に類似していることに気付いてください。私たちのアトランティスの現在からおおよそ６０００年間がアトランティスの最終的な破局に至る時代と考えられますが、その時代にアトランティスに転生した魂の大部分は、それ以降初めて、現在の西洋文明の時代の地球に戻りました。この魂の流入は今から約２００年前に始まり、転生のほとんどは過去50有余年の期間に起こりました。

　ということは、事実上米国は、アトランティス文明の終焉を幇助した人々と同じ魂で満ちあふれているのです。彼らは不注意にもテクノロジーを誤用し、自分たち自身の霊性をないがしろにすることによって、最終的な破壊を招きました。

あなた方の時代と同様に、根拠のない先入観や偏見がアトランティスの政界で支配的になっています。そして、数千年もの間、孤立が望ましい状況であると考えられてきました。私たちは要塞を築き、都市の周りに環状の壁を巡らしました。それらは、野獣だけでなく他の種族をも都市から締め出すためでした。それはまるで、他の種族と共有したくないテクノロジーをあえて開発したかのように思われます。

私たちの進歩がもたらした恵みには満足していますが、提供できるものが今よりもずっと少なかった時代に比べても、現在持っているものを他の種族と分かち合うことには、なおいっそう消極的なのです。

アトランティス最後の日々が近づくにつれ、私たちはさらにいっそう孤立主義の国になっていきます。他の種族の住む地域からアトランティスを訪れる特派大使は極めて少数ですが、彼らは私たちが享受している特権や恩恵を自分の目で見ることができます。

しかし、観光事業は奨励されていません。アトランティス市民による旅行は容認されていますが、大部分の人々は仕事に忙殺されていて旅行する余裕がありません。実際のところ、最も高いカーストの人々だけに旅行の機会が与えられますが、自分たちが他の地域で見るものとアトランティスにあるものを売買あるいは交換することに、彼らはまったく無関心なのです。

※レムリア大陸：アトランティスとほぼ同時に興った文明であり、ムー大陸としても知られている。それは今日の太平洋に存在した大陸で、イースター島などに文化的示唆を残している。自然・芸術との協調性が特徴的類型をなしており、知性と非自然性を特徴とするアトランティスと対比される。

第5章

未来からやってきたローハン・タイムトラベラー

【解説】極移動による地球激変を回避するために

本シリーズ一冊目となる『未知なる世界編』の最後にお届けするのは、『未来からやってきたローハン』および『タイムトラベラー（時間旅行者）』からの情報です。

未来からの訪問者ローハンによると、「地球の磁極が移動して地形やエネルギー場が急激に変化する」というのが『一番ありそうな未来の筋書き』であり、それを『二番目にありそうな未来の筋書き（この場合極移動は起きない）』に変えるために、彼は同僚と共に、現在の私たちの世界へ意識を投射し始めました。

この極移動の可能性は、第2章の『大ピラミッドと記録の間の秘密』においても言及されていますが、この点に関するさらなる詳細情報が、前章のアトランティスのエク・カーから提供されました。

太陽に対する地球の傾斜位置は、おおよそ11600年毎に臨界点に達します。第4章『地球外からの訪問者』において述べられているように、今後いつ太陽磁場の逆転が起きても不思議はないような状況になっているのですが、エク・カーによると、もしも太陽磁場逆転の時期に太陽に対する地球の傾斜位置が臨界点に達すると、即座に極移動が生じて地球全体に激変を引き起こします。

また、「現在地磁気の強度が最も低い値になっている」という事実は科学的にも確認されていますし、それに加えて、現在太陽に未曾有の変化が起きているようなのです。

２０２０年11月末の時点で、太陽活動は「サイクル25」の活動周期に入っており、太陽表面に「過去数年で最大規模の黒点」が出現して地球に面する方向に向いています。この黒点活動領域ＡＲ２７８６には、それを横切る2つの光のラインがあります。これは巨大な黒点に稀に現れる亀裂であり、『光の橋』と呼ばれています。このラインの長さは約１万５０００kmで、地球の直径とほぼ同じです。

光の橋の性質はまだ完全には理解されていませんが、いくつかの研究の結果、光の橋の基部の磁場が頻繁に交差と再接続を繰り返していることが示唆されました。この「交差と再接続を繰り返す」という現象は、太陽フレアが引き起こされる場合と同じ爆発プロセスに相当します。もしもそうであるのなら、黒点活動領域ＡＲ２７８６は、太陽フレアの爆発の準備をしている可能性があるのです。さらに現在は、地球の歳差運動周期※における臨界点にも相当するのです。

有名なギリシャの哲学者プラトンは、彼の著作『クリティアス（対話篇）』において、彼の時代から9000年遡る太古の時代に起きた戦争について次のように述べています――「これは都市国家アテネとアトランティスの間の戦いであり、壊滅的な巨大地震によって終焉を迎えた。そしてその結果、伝説上のアトランティス大陸が海面下に没した」。

彼の時代はキリスト誕生の約400年前ですので、これを時間の基準点にして計算すると、地球の歳差周期と太陽磁場反転の周期がいつ同時に臨界点に達してもおかしくない、ということになるのです。もしもこれらの同時発生が現実のものになれば、それは極めて甚大な結果を地球にもたらすことでしょう。

このような壊滅的な出来事が超古代に起きたことを示す痕跡が残っています。そのひとつは約6500万年前にユカタン半島に衝突した彗星です。この衝突が恐竜絶滅の原因であると示唆する説もあります。また、20世紀半ば、ロシアの科学者たちがツンドラ凍土の中から数え切れないほど多くのマンモスを発見しました。放射性炭素による年代測定の結果、それらは10000年~12000年前のものであることが判明したのです。マンモスの胃や口の中には未消化の草が残されていたのですが、これは、「草を喰んでいた時に起きた何らかの激変によってマンモスたちが瞬時に凍結した」、ということを示しています。

このような激変は天候パターンの大きな変化を引き起こす極移動に起因する――スキャ

リオン氏が見たヴィジョンはこれが事実であることを明らかにしました。このような変化によって極寒の空気が極地から吸い出されて温帯や熱帯地域に吹き込まれた結果、風速毎時320km以上の烈風が生じたのです。科学者たちは、地球の核の試料を分析することにより、「過去に地球の磁極がある頻度で反転していた」、という事実を発見しました。一番最近の反転は前回の氷河期（今から1万年少し前）に起きました。

スキャリオン氏のヴィジョンによれば、来るべき地球の大変動の主たる原因は一連の極移動であり、このような変動は地球の自然なサイクル（周期）および地球・太陽・他の惑星の間の相互作用なのです。もしもローハンが述べたような大規模な極移動が生じれば、莫大な数の人々が一瞬にして他界してしまいますので、何としてもこれを未然に防がねばなりません。それゆえ、高次意識を通じて宇宙艦隊の彼らのグループと直接心を通い合わせられるように、私たち一人一人が精一杯努力することが肝要です。

また、ローハンによると、彼の時代のテクノロジーは非常に高度に進化していて、タイムトラベルは極めて一般的であり、数多くの銀河連合が存在しているそうです。この点は、この記事の最後に収録されている話、『タイムトラベラー（時間旅行者）』においても窺い知ることができます。ひょっとすると、タイムトラベルのテクノロジーは、来るべき地球の大変動の後、意外と早い時期に実用化するのかもしれません。

※歳差運動周期：こまの軸を傾けて回転させるとその回転軸は鉛直線のまわりを回転する。このように回転体の回転軸が変化する運動を歳差運動という。

未来からやってきたローハン

すでに述べたように、同時存在の異なる現実世界から訪れて私（ゴードン・マイケル・スキャリオン氏）にコンタクトしてきた実体は、ベリルやエク・カー以外にもたくさんいました。彼らとのコミュニケーションについてすべて説明すると、おそらく書籍半分くらいのページ数になってしまうでしょう。

しかし、私の主たる関心は、その中から選んだ特定の実体との交信の記録を抜粋してお話しすることではなく、これらの心の旅により入手可能な種類の情報をあなた方に理解していただくことにあります。そうすれば、そのような心の旅自体を経験する可能性に、いっそう多くの焦点が当てられるからです。

これまでにご提供した情報の内容に同意していただけましたか？たとえそうでなくても、あなた方が自分自身の過去世・未来世の実体を発見するように、多少なりとも鼓舞激励できたものと思います。少なくともこのテーマに対するあなた方の好奇心を刺激できたのであればいいのですが……。

私たちに見える世界や一般的に私たちが注意を払う世界は、実在する世界のほんのわずかにすぎません。そして、これが最も重要なことですが、私たちが自分自身を納得させて試みさえすれば、その実在世界の多くは到達可能なのです。

とは言うものの、私が心の旅において遭遇したもう一人の実体であるローハンの話は、読者にとっても興味深いものではないかと思います。

彼は私の未来バージョンであり、私たちが知っている世界と異なる層の世界に存在しています。それでもなお彼はこの地球世界に属しているのですが、それは21世紀に並行して存在する時間枠の中なのです。

ローハンは、私がUFO現象の研究に没頭していたときに、ほんの短い時間だけ立ち寄ったのです。私はそのような自分の経験の中身を分析し、あえてそれに疑いをかけました。それにより私は、これらの物事が現実となる可能性を、種々の面から検討したことになります。

私がその頃興味を持っていた事柄との結び付きを言い表すために私の潜在意識がローハンという実体を創り出したのかどうか……。これを明言するのは難しいと思います。もしかすると、ローハンや私の経験は、実際にあり得る未来あるいは私たちの世界とは別の未来が真に顕現したものであり、それゆえ、無理なく私たちの世界と併存するのかもしれません。

実際のところ私は、高次意識に基づく私の経験すべての検証に取り組むことにしたのですが、その判断基準は「私のソース（高次の情報源）の正当性・確実性を立証するよりも、私の経験がもたらす便益や恩恵を評価する方がより望ましい」という観点に基づいています。

ローハンがやってきたとき、私は霊性向上の階段をほんの少しだけ上るのに役立つ実用的な手段を探していました。しかし、彼の訪問によってもたらされた結果は、むしろ飛躍的進歩に近いものだったのです。

何気なく考えるのですが、地球は実に美しいところです。こんなにも実りある関係を地球外の他の現実世界と持つことができて、私は本当に幸運です。私はそれをとてもありがたく思っています。しかし、他の現実世界で学んだ物事が何であれ、それを生かす唯一の機会が与えられている場所はここ地球なのです。転生の観点から言えば、何度でも地球に戻って来たい、というのが私の考えです。たとえどのような試練がこの地球上で待ち構えていようとも、他の世界に行きたいとは思いません。

なぜなら地球は、気持ちを落ち着けてくつろぐには大変素晴らしい場所であり、私が望むすべての学びが可能な所は他にはなさそうだからです。私が地球で考えて為すことは、たとえそれがどんなにささやかなことであれ、必ずや未来の成果に影響を与えます。それゆえ、どんなことであれ私ができることをして、全体の幸福と安寧のために貢献していくつもりです。まだまだ先は長く、間違えることもありますが、少なくとも最初の重要な一歩は踏み出せたものと思っています。

ローハンの話では、地球の磁極が移動して地形やエネルギー場が急激に変化するというのが『ありそうな未来の筋書き』であり、彼は、それが実際に起きた後の地球に住んでいる人間と同じ視点で、今の地球世界を見ているのだそうです。

彼は特別編成宇宙艦隊のパイロット兼司令長官であり、その名声のゆえに、『13の評議会』として知られている組織の一員になっています。ローハンの艦隊の宇宙船は、宇宙の旅だけでなく時間の旅（タイムトラベル）をもすることができます。彼は、変性意識状態の私を通してシンシア・キースとセッションを行いました。

以下はその記録の抜粋ですが、それには『13の評議会』に関する彼の説明が含まれています。

ローハン：私たちは『13の評議会』の一つの側面を代表しています。私たちは、あなた（シンシアを指しながら）もまた、他の次元や他の時代を通じてこの評議会の一部であることを示唆します。ある意味でこれは、評議会の一員ではなく、連結器すなわち『集合意識の願望の実現を促進する人』という資格で評議会に参加していることを表します。

これは同胞団の集合意識であり、ある人々はこれを『キリストのエネルギー』と呼んでいます。名前の一部である13は、時空連続体のこの象限に包含されている13の星系を意味します。私たちのマスター（大師）は、すべての人々が心の中に光明を見いだせるように、私たちの指針として働いておられるのです。

ローハンは未来からの訪問者ですが、彼の世界のテクノロジーは高度に進化しており、タイムトラベルは極めて一般的で、数多くの銀河連合が存在しているそうです。であれば、なぜ彼は現在の私たちの文明のことを気にかけるのか？これは私の率直な疑問でした。これに対してローハンは次のように答えました。

ローハン：新たなイニシエイトである子どもたちに与えるべき情報があり、彼らが参加することによって『到来（キリストの再臨）』と呼ばれる出来事の下地がつくられるのです。この出来事に参画することは、私たちの責務・義務であり選択です。あなた方の時代の現在、すでに地球上にはこの出来事のために道を整える先駆者――導き手――が存在しています。そして、私たちが住む時空連続体に、かつてキリストになられた方と同じ魂が現れて、知識の担い手あるいはその象徴的存在となり、再びキリストとしてこの世界に戻られるでしょう。

この方は地球のさまざまな場所に何度も何度も転生されました。「地球から離れていた長い期間の後に（地球に）帰還するのはこの方だけである」ということをすべての人々が信じねばならない……このように私たちは言おうとしているのではありません。私たちが特にあなた方にお伝えしたいのは、

(1)間もなく（少なくともあなた方の今生の間に）地球の集合意識がこれを『かつてキリストであった方の転生』であると認めること

(2)この認識により『地球で人生を生きる最上の方法として万人に理解されていること』が大きく変わること

この2点です。私たちは、この認識、およびそれに続く意識の大いなる変化を『到来（キリストの再臨）』と呼んでいます。

ローハンによると、左記の目標を達成するために彼と彼の同僚は、現在の私たちの世界への意識の投射を試み始めました。

1　彼らの世界の現実を『二番目にありそうな未来の筋書き』に変えるために、コミュニケーションに基づいてさまざまな出来事に変更を加える（この筋書きの場合、極移動は起きない）。

2　宇宙艦隊の彼らのグループと高次意識を通じて直接心を通い合わせること――これを願っている人々に対して援助の手を差し伸べる。それによってこれらの人々は、現在の時空連続体のまわりを動き回って他の人々に影響を及ぼすことができる。これはいわゆるピラミッド効果である。

3　それでもやはり極移動が起きてしまう場合、意識を地球からボーダーランド※へ転移するためのメカニズム（仕組み）が必要になるので、そのメカニズムの構築をサポートする。万が一大規模な極移動が生じた場合、莫大な数の人々が一瞬にして他界してしまうが、これらの魂は無事にボーダーランドへ移る用意ができていなければならない。

このような安全な移行を維持する最上の方法は、魂の人口過剰でボーダーランドの低い階層が押しつぶされないようにすることです。そして、万が一の際に無事にボーダーランドを通り抜けられるよう、莫大な数の人々に霊性面の訓練を行って彼らの振動レベルを引き上げることが必要です。

ローハンの説明によると、ボーダーランドの低い階層には、死から次の転生への正常な移行を促進するための学校が存在します。私たちの全意識（人類意識）がどの振動レベルに属するかは、私たち各々が人生をどのように生きるかによって決まります。ローハンおよび彼と一緒に働いている人々は、やむにやまれずこのようなメッセージを現在の私たちに伝えてきました。

結果として『ありそうな彼ら自身の未来』をもたらす壊滅的な変動を回避できること——彼らはこれを切に願っています。この達成により時空連続体の秩序を少なくとも元のままの状態に保つこと——これは希望であるのみならず、必要不可欠です。原初の昔に最初に創造された宇宙の大いなる機構の内で、すべての世界の大いなる意識がそれ自身の完成を求め続けることが絶対に必要なのです。

※ボーダーランド：地球の時空連続体の一部であり、他界後人間が高次の世界へ移行する前に通り抜ける世界。

タイムトラベラー　―時間旅行者―

私には同時存在の異なる現実世界に関する経験がもう一つあります。それを最後にお伝えしましょう。これは私に起きたことではなく、リーディングを受けるためにやってきた男性によって関連付けられた話です。

彼は大都市の高校の教師を務めています。ある日の午後3時半、その日の授業がすべて終わった少し後、この高校の副校長が職員室を出ると、一人の年配の男が外部事務室の受付係と切羽詰まったように話しているのに気づきました。明らかにその受付係は動揺していたので、副校長は自分が何か手助けできるのではないかと考えて、二人に歩み寄りました。するとその男は「私はこの学校の二カ国語習得クラスに入学するために来ました。そのクラスの終了後、私はペルーにいる兄弟に会うことになっているのです」と言いました。

副校長は驚きました。なぜなら、この学校にはスペイン語の二カ国語習得クラスはありませんし、成人教育はまったくしていないからです。狼狽していた受付係からこの件の対応を引き継いだ副校長は、困惑した表情のその男に、この学校の状況をできる限り如才なく説明しました。

しかし、その見知らぬ男は断固として「私は教育長であるフォックス氏からこの学校に来て入学手続きをするように言われたのです」と言い張りました。突如として混乱の原因がはっきりしました。というのは、現在の学校経営者の名前はフォックスではないからです。以前フォックスという名前の教育長がいました。しかし「その人から言われてここに来た」というのは馬鹿げた話です。なぜなら、教育長という職務は1930年代の半ば以降――それは50年も昔のことですが――この学校には存在していないからです。

その時、その年配の男は名刺を取り出しました。おそらく自分の主張の論拠を強めようと思ったのでしょう。それには、彼の名前に加えていくつかの星の記号と『惑星間評議会』という言葉が印刷されていました。副校長は、これは何かの冗談なのかと一瞬考えましたが、ちっとも可笑《おか》しいとは思いませんでした。何とかこの男を厄介払いしようと考え、副校長は男に提案しました。

「あなたはフォックス氏から二カ国語習得クラスが3月に始まると聞いたのですね。今はまだ2月ですから、今日のところはいったん帰られて、来月に再度来られてはいかがですか？その頃までにはもっと情報が整っていると思いますよ」。

男が去るやいなや受付係は、彼女が見たものについて副校長に話しました。彼が名刺を取り出そうとして自分のコートの中に手を伸ばした時、そのコートの内張りがあたかも電線や電子部品から成る複雑な装置で覆われているかのように彼女には見えたのです。

副校長は動揺しました。もしかしたらあの男は爆弾を所持していたのかもしれない。そう考えた彼女は、男を追いかけようとして大急ぎで通路に出ました。それは彼が去ってからわずか十数秒後であり、通路は長く伸びていて、出口はその突き当たりに一つあるだけだったのですが、その謎めいた男は完全に姿を消していました。

学校の警備員によると、建物の外へはドアが一つだけ開かれていて、彼はその男に署名させた後、そのドアから中に入れたのですが、彼は学校を退出する際に署名しなかったのです。副校長は、警備員および受付係と一緒に学校の敷地内をくまなく捜したのですが、その男の痕跡はまったく見つかりませんでした。

拡大していく現在の一瞬

実はこの話には奇妙な点があるのです。私のリーディングを受けたこの高校の教師は、ソース（スキャリオン氏の高次の情報源）がリーディング中にこの話に言及するまで、この話を私に言いませんでした。この特別のセッションにおいて、ソースはタイムワープの概念の説明を試みました。上記の事例がまったく語られなかったにもかかわらず、ソースは次にように述べたのです。

「あなたの学校への訪問者は『同時存在の未来世界』からやってきた特派大使です。そこからたくさんの人々があなたの時代の地球に来ています。未来の現実を変えようとする人々は、タイムトラベルを含むさまざまの手段を自由に使えねばなりません。この訪問者は、彼が求めている修正が後日なされるような関連付けを目的として、あなた方の時代からさらに遡《さかのぼ》った過去へのタイムトラベルを試みました。しかし、ほんのちょっとした計算ミスの結果、彼は目的の時代を50年ほど間違えてしまったのです」。

リーディングを受けた高校教師は私の友人でもあるのですが、リーディングの直後に前述の話をしたのです。好奇心の強い彼は後日、訪問者に応対した受付係に、その男が着ていた衣服を覚えているかどうか尋ねました。「つばの広い帽子と極端に幅広のネクタイ」

と彼女は答えました。それらは、いわば１９３０年代を時代背景とする映画に見られるような服装です。これは、同時存在未来世界に関する外部的な証拠になるでしょうか？ひょっとするとそうかもしれません。

同時存在の異なる現実世界、および内なる次元の世界からやって来たさまざまの実体たちのうち、ローハンとエク・カーが最も鮮やかな記憶として残っていて、その後十数年が経った今でさえ、依然として私の意識に流れ込み続けています。

事実、同時存在の異なる現実世界に係わる私の最後の経験は、同時に行われたエク・カー、ローハン両者との論議であり、その際彼ら二人は、まるで一人の実体に融合したかのようでした。そのコミュニケーションは次のような結論で締めくくられました。

「現在あなたである実体は、間もなく、エク・カー、ローハンおよびゴードン・マイケル・スキャリオンとして今知られている三つのエネルギーの意識集合体になるでしょう」。

上記の最後の対話以来、十数年の月日が経ちました。私自身、以前と異なるようには感じていませんが、私の直感的意識が高まり続けていることは極めてはっきりと感じています。

新たな教訓が与えられることなく、アトランティスにおける人生・今生の人生・未来世の人生について私が把握していることが、日々ますます結晶化して同一のものになっていきます。

私は自分の心の目で、過去・現在・未来を、別々のものというよりはむしろ同じ『大いなる一つ』の各部分として描き始めました。過去・未来に同時に存在しているすべてを包含するために、現在の一瞬一瞬が拡大していく……私にはなんだかそのように思えてならないのです。

私たち人間はさまざまな間違いや過ちを犯します。しかし、それにもかかわらず私は、この時代の地球での人生は喜ばしく楽しいものであると心底から思っています。私たちは共に過去の過ちから学び、希望に満ちた未来へと歩みを進めることができるのです。

訳者あとがき

本シリーズ3編は、ゴードン・マイケル・スキャリオン氏の著書“Notes from the Cosmos”に基づいています。直訳すれば『宇宙由来の覚書』のようなタイトルとなります。この本の冒頭の『謝辞』において、スキャリオン氏は次のように述べています。

ポップトップ缶（飲み口が引き上げ式の缶）を初めて見た時、私は非常な感銘を受けました。その時のことは今でもはっきりと覚えています。そのデザインのあまりの簡潔さゆえに、私は「なぜ誰かがもっと早くこのアイディアを提示しなかったのだろう」という素朴な疑問を持ちました。何事にも潮時というものがある……これがあの時私が推測したことでした。すべての準備ができれば、何事も驚くほどやすやすと世に出ていけるのです。缶のデザインを完成させるのには数年かかったようですが、それは、主だった数人の人々の熱心さによって初めて達成されたのだそうです。

“Notes from the Cosmos”についても同じことが言えます。その最初の草稿を作成するのに6年以上かかりました。ポップトップ缶の場合と同様、有能かつ洞察力のあるごく少数の人たちが、私を助けて長い時間懸命に働いてくれました。そしてこのプロジェクトを完了させてくれたのです。もしもその人たちの献身的な努力が無かったならば、あなたがこの本を読むことはなかったでしょう。

本書の場合もまったく同様です。私が“Notes from the Cosmos”の翻訳をスタートしたのは2012年のことでしたが、それは途中でストップしてしまいました。内容が形而上学的で難解だったことがその主たる理由です。

しかし、不思議な縁でそれが2015年に再開される運びになりました。月刊情報誌『ザ・フナイ』掲載の記事を執筆するという機会を頂いたためです。これが毎月原稿締め切り日を伴うノルマになり、そのため翻訳が着実に進むことになりました。この機会を与えて下さった船井かおり氏（当時の『ザ・フナイ』副編集長）には本当に感謝しています。

“Notes from the Cosmos”に基づく記事の連載は2018年の春に終了し、その後、編集責任者としての仕事が船井氏から赤塚万穂氏にバトンタッチされましたが、『ザ・フナイ』への連載は途切れることなく続いています。“Notes from the Cosmos”の連載記事を単行本にするというアイディアは、船井かおり氏が最初に出して下さったのですが、さまざまな事情でなかなか具体化しませんでした。しかし、赤塚万穂氏がきれい・ねっとの山内尚子氏を紹介してくださったことで、やっとこのプロジェクトが前に進むことになったのです。
　まさにスキャリオン氏が言及した諺「何事にも潮時というものがある」の通りです。山内氏が、連載記事の内容に基づいて3編に分ける、という素晴らしいアイディアを出して下さり、それに伴う手間のかかる編集をしてくださったおかげで、このプロジェクトが完了に至りました。その実現に寄与して下さった船井かおり氏、赤塚万穂氏、山内尚子氏に、あらためて心から感謝の意を表したいと思います。

2021年　新春

金原博昭

著者紹介

ゴードン・マイケル・スキャリオン

Gordon Michael Scallion

未来予見者かつ形而上学・意識研究分野の第一人者であり、ベストセラー "Notes from the Cosmos : A Futurist's Insights Into the World of Dream Prophecy and Intuition" の著者。電子工学を専攻。

1979 年に健康上の危機に見舞われことをき っかけに自己再発見に導かれ、1982 年に究極的に高次の意識（超意識）に繋がる能力が覚醒し発動した。

現在は配偶者兼仕事上のパートナーであるシンシア・キース氏と共に、米国北東部ニュ ーハンプシャー州に在住。両氏はこれまで、形而上学分野の研究結果を本およびオンライン情報誌を含む種々の情報媒体で出版すると共に、全国ネットのテレビ番組やラジオ番組にも幾度となく出演してきたが、数年前にこれらの啓蒙活動から引退している。

訳・解説

金原 博昭

（きんぱら ひろあき）

東北大学理学部物理学科卒。米国に本社のある多国籍複合企業 TRW に 35 年間在籍し、主として企画・営業に従事。現在鎌倉に在住、数学および神聖幾何学を含む超古代科学の研究、タロット・カバラーの学習と実践、形而上学分野の書籍の翻訳や情報の発信等に専心している。5 年以上にわたり月刊情報誌『ザ・フナイ』の連載記事を執筆。
オリオン形而上学研究所を主宰
http://www.orion-metaphysics.com
主な訳書：『高次元存在ラマ・シングに聞く：死後世界へのソウルガイド&ナビゲーション』（徳間書店）、『あなたもペットと話 せます』（Kindle 本：オリオン形而上学研究所）。

この星の 未来を創る 一冊を
きれい・ねっと

時を超える予言

1 未知なる世界編

2021年3月11日　初版発行

著者　ゴードン・マイケル・スキャリオン
訳・解説　金原博昭
発行人　山内尚子
発行　株式会社 きれい・ねっと
〒670-0904　兵庫県姫路市塩町91
TEL：079-285-2215 / FAX：079-222-3866
http://kilei.net

発売元　株式会社 星雲社（共同出版社・流通責任出版社）
〒112-0005　東京都文京区水道1-3-30
TEL：03-3868-3275 / FAX：03-3868-6588
デザイン　小林昌子

ISBN 978-4-434-28609-4